LEYENDA Y TRAGEDIA DE LOS CÁTAROS

Plutón Ediciones

Leyenda y tragedia de los cátaros

Rubén Zamora

Diseño de cubierta y maquetación: Saul Rojas

Edita: Plutón Ediciones X, s. l.,
E-mail: contacto@plutonediciones.com
http://www.plutonediciones.com

Impreso en España / Printed in Spain

I.S.B.N: 979-13-87692-35-3
Depósito Legal: B-8517-2025

Para todas las
personas de buena fe,
pero siempre rebeldes
y pensantes,
un fuerte y cósmico abrazo.

Prólogo
Los pasos de Cristo,
una visión diferente

Todos y cada uno
de los seres humanos,
mujeres, hombres,
ancianos y niños,
son en esencia
puros y divinos.

Siempre es interesante leer sobre los cátaros, sobre todo si es desde la sensibilidad de Rubén Zamora, un hombre de profunda fe, pero sin ser fanático de nada ni de nadie, creyente y libre pensador a la vez, que seguramente en el pasado habría sido perseguido por la Santa Inquisición a pesar de su bonhomía.

Ser realmente buena persona puede ser un terrible inconveniente en ciertas épocas de la humanidad, tanto como ser sincero y decir la verdad, pues hasta el más puro de los actos puede convertirse en ofensa para alguien, y de ahí nacer el odio, la represión y hasta el encarcelamiento o la muerte.

Seguir los pasos de un ser mítico, por santo y recto que sea, a veces es una acción peligrosa y hasta revolucionaria.

Seguir los pasos, por ejemplo, de Cristo, como intentaron hacer los cátaros en una época en que a los contendientes de las luchas por el poder de la Iglesia católica no les parecía adecuado, y en la curia romana no estaba claro el papel divino de Jesús, se convirtió en una condena a pesar de sus buenas intenciones.

"Dios solo hay uno", decían los arrianos, incluso a pesar de la posibilidad de una Santísima Trinidad, donde Cristo sería una reencarnación o avatar de Dios Padre, pero no Dios Padre mismo, y mucho menos la Santísima Trinidad, con lo que defender a la Santísima Trinidad cuando gobernaban los arrianos, o la unicidad de Dios cuando gobernaban los trinitarios, podía costar la vida.

Pensar en una Diosa Madre, o en un Dios Hijo, que usurpara las funciones del Dios Padre, era toda una herejía que requería descrédito y persecución, y a la cual solo podían suscribirse unos locos, como los cátaros.

Por tanto, lo de la Diosa Madre se descartó casi de inmediato, pero desde los siglos XI y XII, dentro de las estructuras eclesiástica, el papel representativo de Cristo como máxima divinidad, Padre e Hijo a la vez, fue creciendo con fuerza, sobre todo a través de las distintas sectas y órdenes católicas que iban apareciendo y que tenían influencia popular, apoyo de algunos nobles y poder dentro de la Iglesia, como la Orden de la Santísima Trinidad y de los Cautivos (1154-1213), avalada por Félix de Valois y el Papa Inocencio III, como la primera Orden Oficial de la Santa Madre Iglesia (posible origen de los cátaros), apartando del poder a los arrianos, que seguían sin aceptar a Jesús como a un Dios, aunque aceptaban la presencia de un Espíritu Santo.

Los arrianos tuvieron el poder papal desde la aparente caída del Imperio romano de Occidente en el siglo V, hasta la aparición de la Orden de la Santísima Trinidad (y para algunos estudiosos lo siguen teniendo dentro de la curia romana, donde no hay más Dios que Jehová, por mucho que se tolere la entronización popular de Cristo, primero, y de las advocaciones marianas y angelicales, después), en el siglo XII.

Orden de la Santísima Trinidad y de los Cautivos

Todo un dilema que ha dejado en mal a la Institución católica por culpa de las ambiciones de los hombres, o a los intereses de la Institución que se sobreponen a la voluntad de los hombres, que en plena Baja Edad Media pasó de ser simplemente universal (católica), a convertirse en cristiana, algo que los cátaros denunciaron como hipocresía, falsedad y hasta contubernio satánico.

Los cristianos protestantes no estuvieron nunca muy de acuerdo en que los católicos se denominaran a sí mismos "cristianos", pues los verdaderos cristianos eran los de la Reforma, y no los católicos, que ni siguen ni seguían los pasos de Cristo, sino que habían pervertido sus enseñanzas y su figura.

Don Rubén Zamora nos avisa así de las paradojas y las contradicciones del catolicismo y el cristianismo, que parecen lo mismo, pero que no lo son, mismas contradicciones y paradojas que golpearon a los cátaros, cuya verdadera fe e ideología siguen siendo un misterio en la actualidad porque no quedó registro histórico, y ningún sobreviviente de los cátaros que nos lo contara, lo escribiera o lo dejara como un legado para las generaciones venideras, ya sea por precaución, temor, o porque no quedó realmente ninguno vivo.

CRISTO, HOMBRE O DIVINIDAD

Los cátaros, o los "puros", no parecían tener a Cristo como Dios en la Tierra, pero sí como un ejemplo a seguir, es decir, como una humanidad en busca de la limpieza de alma, mente y espíritu, congruente con sus actos y superadora de la animalidad con la que llegamos revestidos a este planeta al nacer.

Por tanto, para ellos, seguir los pasos de Cristo no era una fórmula de creencia irredenta que busca la redención casquivanamente, es decir, que busca el perdón a merced del sacrificio de otros para ingresar al cielo, sino superar las pequeñas y grandes miserias a las que estamos supeditados como hombres y mujeres, como seres humanos, para alcanzar la perfección por méritos propios, una idea que se parece más al zoroastrismo que al catolicismo.

Para los cátaros, Cristo no es un salvador ni un redentor, sino un ejemplo a seguir en la lucha por la propia elevación del alma donde nada es regalado ni perdonado por el simple hecho de creer o de tener fe.

"Que alguien se sacrifique por ti no te hace mejor persona".

La elevación, más que la salvación, depende de la acción, de ser y de estar en este planeta de una forma limpia y pura, donde todos, hombres y mujeres, ancianos y niños, somos iguales, sin más jerarquía que el cumplimiento de la regla de nuestros propios actos, pensamientos y emociones, algo que casi nunca se consigue en una sola vida.

Sí, don Rubén Zamora nos recuerda que los cátaros pensaban que era necesaria la reencarnación para ascender espiritualmente, por lo que casi nadie nace en *tabula rasa*, polémica que alcanza a Hobbes y a Locke tres o cuatro siglos más tarde, ya que si bien nadie nace sabiendo, sí contamos con ciertas habilidades y comportamientos desde el día de nuestro nacimiento, que habremos de contrastar con el ambiente y el contexto el resto de nuestra vida, en una especie de experiencias de eterno aprendizaje para ser mejores cada día y vida tras vida hasta alcanzar la madurez y pureza espiritual, que nos permita realizarnos en otras manifestaciones de la existencia a las que llamamos "más allá", "cielo", "infierno", o simplemente "muerte".

Dios no es un ser creador ni pantocrátor, la divinidad en nada se puede parecer a los seres humanos, ni siquiera a Mitra, Krishna o Cristo, si en realidad existe, es superior a la humanidad y está muy lejos de concepción humana posible, ya que, si se puede concebir y es a imagen y semejanza de los seres humanos, solo puede ser una entidad cruel, malvada y maléfica, lo que conocemos como Satanás o Demonio, y no un dios puro, santo, bueno y limpio. Por tanto, para los cátaros, el Dios de los católicos, los judíos y los musulmanes, no puede ser más que un diablo cruel, injusto, promiscuo y asesino, todo maldad y nada divino, tal y como se le describe en la Biblia, un libro que para los cátaros era la suma de las iniquidades.

El día 6 de octubre de 1536, por ejemplo, William Tyndale fue estrangulado y quemado en la hoguera por haber traducido la Sacrosanta y Sagrada Biblia, del latín al idioma inglés, un terrible crimen y pecado para la Iglesia anglicana, y para la católica también, algo que, por supuesto, ningún ser divino permitiría, pues solo lo permitiría un cruel, burlón, sucio, sádico y terrible demonio que disfrutara con el dolor ajeno.

La ejecución de William Tyndale

Traducir la Biblia era dar opción a que la gente la leyera completa, y no solo los salmos y versículos de conveniencia, lo que sería tanto como desvelar su terrible contenido de celos, venganzas, abusos, genocidios y desmanes promovidos por un dios enloquecido, narcisista y asesino, y eso no podía ser bueno para los intereses religiosos que aseguraban que ese mismo dios era amoroso y bueno.

Para los cátaros, los evangelios del Nuevo Testamento eran mejores que la vieja Biblia, o Antiguo Testamento, pero también pensaban que estaban pervertidos y que no reflejaban la verdadera imagen de Jesús, el Cristo, que sí era todo bondad, amor y virtuosismo, por lo que valía la pena seguir sus pasos independientemente de su posible, o no, divinidad.

Curiosamente, y por seguir los pasos de Cristo sin permiso de la Santa Sede, los cátaros fueron acusados de herejes, diabólicos, malvados, adoradores de Satán y enemigos de Cristo, Nuestro Señor, y merecían la peor de las masacres y la muerte, como así fue en las cruzadas internas que propició en buena parte el Papa Inocencio III, devastando el Languedoc, en el Sur de lo que hoy es Francia.

Las acusaciones fueron mutuas y muy parecidas: satanismo, enriquecimiento ilícito y sacrilegio, o herejía, pero el poder y las armas no eran las mismas, por lo que los cátaros perdieron la guerra y las cruentas batallas ante los ejércitos del Papa de Roma y del Rey de Francia.

"La fuerza bruta no mata a las ideas, pero sí a los hombres que las sustentan".

¿De parte de quién está el Demonio?
¿De los católicos o de los cátaros?

En realidad no se conoce mucho de los cátaros, oficial e históricamente hablando, y es por eso que hay cientos de cuentos, novelas y leyendas que se ocupan de su tragedia y de su existencia, y que nos irá revelando don Rubén Zamora a lo largo y ancho del presente libro, que para mí ha sido un honor y un placer leer.

Seguir los pasos de Cristo sin arrogarle salvación ni divinidad alguna es, sin duda, algo tan revolucionario como diferente.

Dr. Javier Tapia

Introducción
La Santa Madre Iglesia
católica, apostólica y romana, y el nacimiento de los cátaros

El alma pura
no se encuentra
en un templo
ni en un dios,
sino dentro de tu ser
y de tu esencia.

Como todo buen creyente, tardé mucho en darme cuenta de que la Santa Madre Iglesia es, ante todo, un negocio social, económico y político, con sus virtudes y sus miserias, que son las mismas de todos los seres humanos, aprovechando el hecho de que los seres humanos tenemos esa extraña sensación de que existe algo más allá del presente y de esta vida.

En mi infancia y juventud no me cuestionaba nada, simplemente repetía lo aprendido y creía sin más en lo que se me decía, pero algo raro sentía a veces, como una presencia fuera de mí, una especie de compañía.

Se podría decir que prácticamente a todos los seres humanos nos invade el realismo mágico y que somos creyentes por naturaleza, ya que parece que no hay grupo humano que no tenga sus propias creencias, leyendas, mitos y supersticiones.

Quizá lo haya en algún punto de la antigüedad o de la historia, pero yo no lo conozco.

No sé qué tan consustancial sea el creer en dioses, o si es simplemente un engaño bien concertado para controlar a los pueblos en cierta manera, pero el caso es que la inmensa mayoría de la población humana cree en algo o en alguien de manera fantasiosa y sin tener ninguna base razonable para hacerlo.

¿Creo porque así me lo enseñaron mis padres? ¿Creo porque crecí en un pueblo, contexto y ambiente religioso? ¿O creo por mis propias experiencias? No lo sé, pero me parece que hay algo dentro de mí que me impulsa a creer, más que a pensar racionalmente, que lo que vemos y percibimos de este mundo no lo es todo, que hay algo más, no sé bien qué sea, pero algo más; y tal vez esa sensación la tenga el grueso de la humanidad, por lo que se le puede convencer de que eso que siente en su interior es la presencia de algo divino, un dios, un ángel o incluso un demonio.

La figura de un Dios Padre como inteligencia creadora del universo que vemos y creemos conocer, es mucho más antigua que las religiones formales, oficiales, obligadas, legales de todo el mundo, por lo que no es extraño que su figura sea común a muchas creencias religiosas de Oriente y Occidente.

Cuando nacemos todo está ya hecho y dispuesto.

Llegamos al mundo sin saber nada, y nos lo encontramos ya todo listo para disfrutarlo o sufrirlo.

Siempre somos actores recién llegados que desconocemos el mecanismo de las cosas, y por ello nuestros padre, hermanos, compañeros y maestros tienen que enseñarnos su funcionamiento: esto es dulce y esto es salado, esto cura y esto enferma, esto es peligroso y esto no entraña peligro alguno, esto quema y esto duele, esto tranquiliza y esto alegra.

De esta manera, nos señalan el camino a seguir, y se nos dicen en qué creer, de igual forma que se nos dice qué comer, qué sentir y qué debemos hacer para medrar o para no entrar en conflicto.

No es que ahora la televisión, los poderosos y los medios de comunicación nos laven el cerebro y nos manipulen a su antojo, aunque es obvio que sí lo hacen, sino que nuestra manera natural de aprender es a través de confiar en lo que nos dicen los demás, los que estaban antes que nosotros en este mundo.

Todo neonato es un neófito que no sabe nada de este mundo, que confía en las enseñanzas ajenas, porque no tiene otra manera de aprender.

Un niño perdido en la selva aprende, si sobrevive, lo que la selva pueda enseñarle, y no es más noble ni más puro, como pensaba Rousseau, como tampoco es más bruto y salvaje, simplemente desarrolla lo que ha podido conocer en su entorno, y si no es capaz de desarrollar un lenguaje hablado, es obviamente porque en la selva nadie habla como los humanos, y como mucho podrá aprender el lenguaje de su entorno.

Tarzán de los monos, de Burroughs, aprende el lenguaje de los chimpancés que lo acogen; Mowgli, del *Libro de la selva*, aprende el lenguaje de los lobos; y *El pequeño salvaje*, de Truffaut, aprende finalmente francés gracias a su preceptor, y, por qué no, posiblemente se hiciera creyente católico, o jacobino, debido a su entorno.

Aprendemos lo que vemos en el lugar que habitamos, queramos o no, y si crecemos y nos desarrollamos en China creeremos en el Emperador de Jade, o en el Rey Amarillo; pero si lo hacemos en la India, Shiva, Krishna, Visnú y Brahma serán nuestros referentes divinos; así como Dios, Jehová o Alá, lo son en occidente por influencia de las religiones judeocristianas.

Un gato que nace y crece entre perros a menudo cree que es un perro, pero sigue siendo un gato, algo similar le pasó a los cátaros, a los que se les llamó los Creyentes de los Gatos, pues creyeron que eran espíritus puros por seguir el ejemplo cristiano, cuando en realidad eran tan humanos como el resto.

El problema viene cuando el entorno y la realidad social, económica y política son represores, y no dan lugar a ninguna otra vía que no sea la impuesta por el poder y la jerarquía, como la Santa Madre Iglesia en el caso de los cátaros, castigando cualquier revolución, diferencia o desobediencia con la expulsión, el exilio, la tortura más cruel y, finalmente, con la masacre y la muerte.

¿Cuándo y dónde nacen los cátaros?

En la Baja Edad Media, casi al final de la misma y en el siglo XI (alrededor de 1160), y seguramente de las mismas entrañas de la Iglesia católica, apostólica y romana, muy posiblemente engendrada o escindida de la primera secta aceptada oficialmente por la Santa Sede: la Orden de la Santísima Trinidad y de los Cautivos, con el santo Valois y el propio Papa Inocencio III a la cabeza.

Sus raíces pueden ser más profundas, incluso arrianas (que no ven a Cristo como un ser divino e Hijo de Dios), e influencias del mazdeísmo, pues creen en la lucha eterna del bien contra el mal, e incluso del hinduismo, el jainismo y el budismo, pues piensan que la reencarnación es necesaria para la evolución del espíritu, y tienen al cuerpo humano como un defecto a superar, incluso como un ente demoniaco o dominado por Satanás, al que hay que superar aunque lo aceptan como vehículo de las funciones fisiológicas y como soporte del alma.

Algunos clérigos provenientes del Languedoc, donde se refugiaron ante los primeros roces con la Santa Sede, podrían ser, si no sus fundadores, sí parte de la Orden.

Hay quien los sitúa entre los cristianos primitivos, es decir, en los primeros años del Imperio romano, mil años antes de su aparición en la historia, como una secta secreta y gnóstica, cuyos miembros estuvieron presentes desde la formación oficial de la Iglesia católica en el siglo IV de nuestra época.

Se especula, además, que su afán revolucionario eran patrocinado por la Iglesia católica ortodoxa de Oriente, que veía con muy malos ojos el declive del catolicismo en Occidente, tras su escisión en el cisma del 1054. En aquel entonces el Oriente católico y romano florecía, mientras que Occidente se embrutecía cada vez más y la Santa Sede era todo, menos una fuente de espiritualidad.

Sea como fuere, el caso es que los cátaros querían volver a un cristianismo puro y noble, sin imágenes, ni bienes materiales o riquezas y excesos mundanos, y mucho menos poder militar y político, y, por tanto, revolucionar y depurar el catolicismo volviéndolo a sus orígenes.

Nada de milagros, bulas, corrupciones ni componendas de mano de los nobles y los monarcas de la época; nada de imponer creencias; nada de salvación sin más mérito que la hipócrita fe o creencia; nada de absolutismo; nada de intolerancia; nada de jerarquías mundanas e interesadas; nada de engañar al pueblo creyente con falsas promesas; nada de excesos ni de abusos; igualdad entre hombres y mujeres en todos y cada uno de los aspectos religiosos, económicos, políticos y sociales.

Para los cátaros, el cielo se conquistaba con el buen hacer, sentir y pensar del ser humano, no con el sacrificio de Jesús, pues cada quien debía aprender a lavar sus pecados y no aprovecharse del sacrificio ajeno para medrar espiritualmente.

El ser humano debía crecer y tomar consciencia por sí mismo, no por ayuda o beneplácito de los dioses o de la Iglesia, hablando, pensando y sintiendo correctamente.

Ser hereje (libre pensador), no podía ser un pecado, sino una virtud, y no se debía imponer a nadie una lista de creencias ni una afiliación a una religión determinada; y, lo peor, no se debía cobrar ni pedir limosna a los seguidores o creyentes, sino trabajar como todos los hombres para cubrir las necesidades básicas de cualquier persona, sin exceso alguno.

No hacía falta ser un mendicante menesteroso, pero tampoco un rico potentado, con tener lo suficiente para una vida digna, bastaba.

Ideas sencillas, sí, pero que molestaron bastante a Inocencio III, o al menos lo suficiente como para arremeter militarmente contra los atrevidos creyentes de los gatos, los humildes cátaros, y borrarlos de la faz de la Tierra.

Como todas las cosas de este mundo, los cátaros nacieron para morir, y lo hicieron en un tiempo muy breve.

El contenido

En este libro seguiremos la trayectoria cátara, más legendaria que histórica, desde la tierra mágica del Languedoc en una Occitania independiente que no pertenecía ni a la Corona francesa ni al Reino de Aragón, y tampoco al Consejo de Ciento catalán, actualmente al Sur de Francia o Mediodía Francés, donde pudieron desarrollarse los cátaros, nacer y morir ahí, en esas tierras maravillosas a las faldas de los Pirineos, donde bien pudieron quedar enterrados los fabulosos tesoros económicos, científicos y espirituales de los cátaros.

Seguiremos su rumbo a través de las múltiples sectas católicas y órdenes religiosas, como la de los terribles dominicos, los archi enemigos de los cátaros, así como de los franciscanos, la orden mendicante que hereda algunos de sus rasgos.

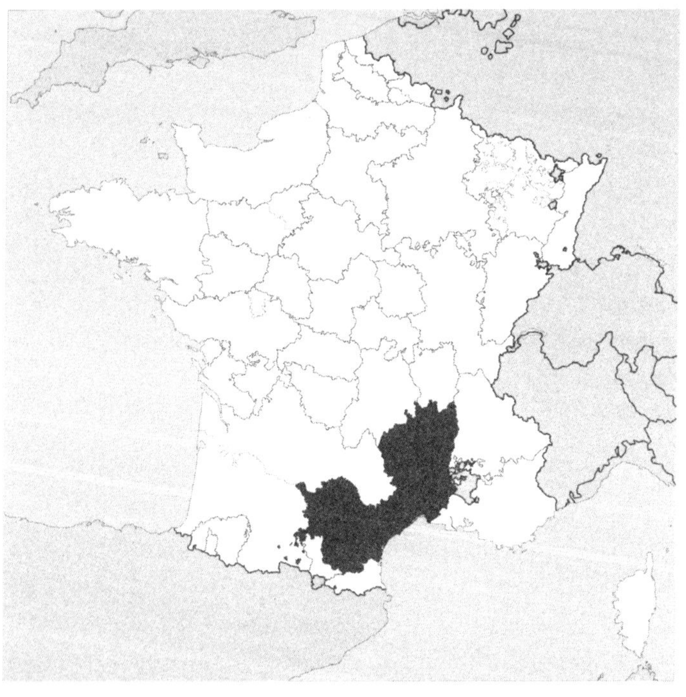

La tierra mágica del Languedoc

Después nos volveremos a preguntar: ¿de dónde salen los cátaros?, cuál es su verdadero origen, a qué se deben tantas influencias orientales, e incluso para algunos verdaderamente angelicales, extraterrestres o simplemente fuera de este mundo.

¿Tienen algo en común con las cruzadas y los caballeros templarios? O son del todo originales e independientes, aunque la leyenda del Santo Grial, entre otras cosas, une a los caballeros templarios con los cátaros, como uno de los tesoros y reliquias más buscados de la humanidad.

Pasaremos a observar las escisiones y reformas, las luchas internas por el poder católico, y el papel que jugaron los cátaros en los cambios y reformas de la Santa Sede a pesar de haber sido abatidos por Inocencio III.

Visitaremos las ideas sobre Cristo que tenían los cátaros: ¿realmente Hijo de Dios, simple hombre excepcional, o símbolo de una nueva Era?

No dejaremos de acercarnos a lo más obvio y material, como los intereses de la Corona francesa sobre las tierras del Languedoc (donde se habla el occitano), prósperas, productivas y ricas desde hace milenios, que había que someter y conquistar para que su riqueza pasara a manos de Francia, como sucedió en el siglo XIII finalmente, una vez sometidos los nobles y señores feudales de la región.

Las acusaciones contra los cátaros bien pudieron ser una excusa para conquistar aquellas tierras mágicas, hoy las mayores productoras de vino del mundo entero, sin más base y fuente que la inquina, la calumnia y el descrédito de una orden, o secta religiosa, que en realidad no hacía daño a nadie, sino que apostaba por una humanidad más limpia, bondadosa y espiritual.

Llegaremos al final a la terrible tragedia genocida, que no fue de un día y que se cobró la vida de miles de habitantes ajenos a la Iglesia y a los cátaros, con la famosa frase: "matadlos a todos, que ya Dios cribará y escogerá a los suyos."

¡Matadlos a todos!, que Dios escogerá a los suyos

Quedan los ecos tras la tragedia, con la pregunta: ¿a dónde fueron los cátaros sobrevivientes tras su holocausto? ¿Dónde están los sobrevivientes del genocidio? ¿Qué fue de sus familias, amigos, parientes y deudos? No se sabe a ciencia cierta, pero hay muchas leyendas que los sitúan en diversos lados y regiones.

I
La tierra mágica del Languedoc

Huir, peregrinar, cambiar,
buscar los senderos
que lleven al hogar divino
de nuestra propia
y santa espiritualidad,
esos son los pasos
a seguir del cristo interior,
del ungido.

Cuenta una antigua leyenda que los cátaros son descendientes de la Galia Celta, o bien que siempre han estado allí, como los druidas, enseñando el camino de la rectitud y la pureza a las diferentes poblaciones de la zona, dando ejemplo con sus actos más que con sus palabras, por lo que los gobernantes antiguos de dichos territorios siempre los tuvieron como una buena influencia.

En el año 121 antes de la era presente, la región occitana cayó en manos de los romanos, y aunque mantuvo buena parte de su autonomía, los celtas tuvieron que huir o desaparecer para evitar conflictos que lastimaran al pueblo occitano.

Languedoc, el lugar donde se habla occitano, una lengua muy parecida al aranés, al catalán y hasta al valenciano, es decir, con una amplia e importante influencia que iba desde Toulouse, en el Medio Día Francés, hasta lo que hoy conocemos como Murcia en la península ibérica, con una extensión que en su momento llegó a superar los 100 mil kilómetros cuadrados, pero que a partir de su anexión a Francia, en el 1271, quedó casi a la mitad, con algo más de 40 mil kilómetros cuadrados, pero sin perder su magia ni la extensión de su lengua, que se hablaba incluso en las Islas Baleares.

Mapa actual de la región occitana

En el 412 la región fue invadida por los godos, que

habían dejado de lado su religión gótica para sumarse al catolicismo imperante, pero sin reconocer a Jesús como hijo de Dios Padre en la Tierra, lo que pudo haber influido en las creencias locales y en lo que más tarde sería la regla cátara.

En Narbona queda el recuerdo del matrimonio de Gala Placidia con el emperador Honorio.

Por aquellas épocas del siglo V, también fueron asediados por los francos a instancias de la Iglesia católica, porque los occitanos no se sometían del todo a sus enseñanzas religiosas, según algunos por la secreta influencia de los invisibles cátaros, o de algunos grupos o sectas que se sentían y creían cristianos primitivos, por lo que no reconocían el poder espiritual de la Iglesia católica.

Se cuenta que durante la Edad Media fue una de las pocas regiones que se salvaron de pestes, epidemias y otros males de la época.

El Mediterráneo y los Pirineos

Desde hace más de dos mil años, la situación geográfica del sur de lo que ahora conocemos como Francia, ha sido un lugar privilegiado, con tierras fértiles, mar abundante en pesca y un agradable clima anual de pocos extremos, con las cuatro estaciones bien definidas.

El comercio y los intercambios culturales entre celtas, griegos, romanos, armenios, sirios, gascones, partos, judíos y árabes, fluyeron durante siglos sin que se les diera demasiada importancia, mientras en otros lugares eran fuente de conflictos.

No había grandes puertos, entre otras cosas porque el acceso marino era muy sencillo y no requería de gran infraestructura.

Por su parte, el cercano Pirineo contaba, al igual que las montañas de Carcassonne, de enclaves mágicos y místicos, con brujas, brujos, curanderas, chamanes y sabios ermitaños, y más tarde con toda clase de conventos y monjes, algunos sabios apartados del mundanal ruido, de los cuales puede haber emergido públicamente la Orden de los Cátaros.

Carcassonne, pueblo mágico de los cátaros

Un lugar propicio, además, para guardar y enterrar todo tipo de secretos y tesoros, desde Toulouse hasta Puigcerdà, y desde Narbona hasta Montpellier, donde los cátaros brillaron con luz propia y se enfrenaron al terrible poder de la Roma religiosa en complicidad con los francos.

Los árabes pasaron por ahí y devastaron algunas ciudades, pero también fueron detenidos por Carlos Martel en el siglo VIII (732) en la célebre batalla de Poitiers al derrotar a Abd-el-Rahman, quizá con la ayuda espiritual de los cátaros según algunos, evitando así que el islam se propagara por todo Europa.

Siglos atrás, por ahí pasó Aníbal con su ejército de elefantes para derrotar a Roma, y aún varios siglos antes ya existía una ruta que iba desde Carcassonne hasta el Atlántico, tanto por mar como por tierra.

Ahí vivieron los volcas, pueblo celta de fuerte influencia mágico-religiosa, así como los vándalos, los visigodos y los merovingios, estos últimos relacionados mítica y legendariamente con la estirpe de Cristo y María Magdalena.

Béziers, ciudad occitana con más de 2700 años de historia, sigue en pie a pesar de ser célebremente conocida porque en ella ocurrió una de las masacres más cruentas y genocidas contra los cátaros.

La cruzada albigense

A los cátaros, además de llamárseles los adoradores de los gatos, también se les llamó albigenses, y una de las citas más famosas de la historia tuvo su origen en Béziers en el siglo XIII, precisamente durante la cruzada albigense.

Béziers era considerada la ciudad hereje pues estaba habitada básicamente por creyentes cátaros, desde los perfectos, hasta los numerarios pasando por los aspirantes.

Béziers, el refugio de los cátaros

El delegado papal, Arnaud Amaury, abad de Cîteaux y cabeza de la Orden Cisterciense, procedió a su asedio en el año 1209 por orden de Inocencio III. Tras un breve sitio, los cruzados católicos pudieron tomar las murallas de la ciudad y conquistarla sometiendo al pueblo y a sus autoridades.

Cesáreo de Heisterbach, cincuenta años después del holocausto cátaro, relató que el jefe cruzado, Arnaud Amaury, ordenó a sus soldados masacrar a todos los cátaros; cuando los oficiales preguntaron cómo diferenciar a los católicos de los herejes cátaros refugiados en la iglesia de Béziers, el legado papal contestó:

"matadlos a todos, Dios reconocerá a los suyos", con lo que toda la población de la ciudad fue asesinada sin ningún tipo de distinción ni consideración.

Hay quien duda que la frase "Matadlos a todos, que Dios ya escogerá a los suyos" tenga veracidad histórica, y que quizá Cesáreo la inventó para darle un mayor dramatismo a sus textos.

Sin embargo el historiador y medievalista francés Jacques Berlioz, experto en el tema de los cátaros, la considera verídica, tanto que la utiliza e incluye como título para una de sus obras al respecto.

Hay más versiones del hecho, como veremos más adelante, incluso con nombres diferentes y la participación nada santa de los dominicos.

LA LUCHA POR LAS CREENCIAS

En el mundo que habitamos, la tolerancia hacia las ideas, ideologías y creencias mágico religiosas ha sido escaza, pues si bien ha tenido lugar en varias regiones y etapas de nuestra historia, generalmente se ha convertido en fuente de disputa, conflicto y hasta pretexto para la guerra.

Tanto en Madrás, India, como en Toledo, España, y en el Languedoc, Francia, hubo tolerancia y hasta cortesía entre las distintas visiones religiosas y culturales, con intercambio de conocimientos y acuerdos sociales entre las partes.

En la India, el hinduismo, el jainismo y el budismo lograron convivir algunas temporadas, a pesar de que la conjura de Shiva era pasar por las armas a todo aquel que no fuera creyente; en Europa, los judíos, los cristianos y los mahometanos también tuvieron sus épocas de convivencia tolerante, incluso aceptando otras creencias antiguas y hasta arcaicas de los celtas, los góticos y los íberos, entre muchas otras; e incluso en el Languedoc se mantuvo cierta tolerancia y autonomía con respecto a los diversos pensamientos mágicos y religiosos de la extensa región, así como de las creencias de las diferentes etnias que ahí se asentaban definitiva o temporalmente por cuestiones de comercio.

Shiva: "Quien no crea, debe ser aniquilado".

Incluso Roma fue la ciudad de los mil templos antes de que impusiera la mitología romana como religión oficial, primero, y la religión católica, apostólica y romana, después, donde convivieron, crecieron y se desarrollaron tanto los cristianos primitivos, como los judíos, los griegos, los diversos pueblos extranjeros y los romanos, con templos para todos y cada uno de ellos.

Vesta, Io, Atenea, Mitra, Mazda, entre muchos otros, tenían dónde se les adorara y rindiera culto, sin que nadie los obligara a tener un solo y exclusivo pensamiento religioso.

Los cátaros convivieron pacíficamente con judíos, moros, góticos, merovingios, católicos y cristianos primitivos durante casi un siglo abierta y públicamente, y tal vez durante un milenio, o más, cuando su secta no había saltado a la vida pública y se mantenía discretamente en la sombra de lo privado.

Sin embargo, en un momento u otro, los poderes se han dado cuenta que las creencias son más poderosas que la carne y la inteligencia, y han creído conveniente obligar a los pueblos a tener un solo dios y una sola religión, que para cada instigador es la mejor, la más poderosa y la verdadera.

Como en la toma de Troya, las guerras siempre tienen un componente interesado, económico, político, geocéntrico e ideológico, pues casi todas son y han sido un latrocinio mal justificado, como diría Eduardo Galeano (un cátaro del siglo XX), y en el caso de los cátaros del Languedoc no iba a ser diferente.

Antes, entre y después de los cátaros, ha habido incontables sectas religiosas de los más variopintos ideales, algunas monoteístas, otras dualistas o maniqueas (las que contraponen al bien contra el mal), y otras revolucionarias que desprecian a las religiones oficiales.

La mayoría de estas sectas religiosas dicen y aseguran luchar por el bien, la pureza, el amor, la bondad y la armonía, al tiempo que están en contra de la hipocresía, la guerra, el mal en general, las imposiciones, las injusticias, las desigualdades, el poder, las jerarquías abusivas, el hambre, la miseria, la lujuria y, sobre todo, en contra de la riqueza, el poder y la acumulación de bienes materiales.

Algunas incluso reniegan de dios, o de los dioses, y los tachan de seres malvados e indignos que juegan con la humanidad, algo nada nuevo, pues el Emperador Amarillo ya renegaba de los dioses hace ocho o siete mil años, más o menos, rogando al pueblo chino que no creyera en ellos, pues eran seres malvados que se aprovechaban de la ignorancia y de la buena fe de las personas, y que eso lo sabía porque él mismo estaba casado con una diosa.

El jainismo nace como una secta contraria a los dioses del hinduismo, y aunque más tarde se convirtió también en una religión reglada, fue una secta perseguida por hereje (libre pensadora) con respecto a la Tridosha Sagrada conformada por Brahma, Visnú y Shiva (una Santísima Trinidad muy anterior al catolicismo).

El budismo también tuvo dificultades para expandirse como una religión sin dioses, y el mismo Buda hubiera preferido que no se convirtiera en una religión más, sino que se mantuviera como un grupo sano y puro que busca la perfección y la sabiduría, como también lo pretendieron los cátaros occitanos.

Y escribo "los cátaros occitanos" del Languedoc cuya vida pública no duró ni cien años, porque entre ellos mismos hubo facciones diferentes, casi todos dualistas, monoteístas y de raíces católicas, seguidores de Jesús, pero con visiones muy diferentes sobre lo que significaba el Cristo y Dios mismo, siendo unos más herejes que otros, tanto que algunos provenientes de las filas de la Iglesia, regresaron a ella, mientras que otros se negaron en redondo a acatar cualquier cosa que viniera del catolicismo romano.

Sí, muchos, aunque nadie sabe cuántos, regresaron a la Santa Sede y es muy posible que se hayan sumado a otras órdenes religiosas, como veremos en el próximo capítulo, y otros murieron en la hoguera; algunos fueron llamados "albigenses", o "tejedores", con un remoto origen en Saulo de Tarso, o san Pablo, como amantes del cristianismo primitivo; a otros se les conoció como los "adoradores de los gatos", cuyo origen se remontarían al Antiguo Egipto, con Bastet como diosa precursora; no faltaban los descendientes de los druidas y los celtas; los nietos de Cristo por la parte merovingia; en cierta manera, también fueron cátaros los "hombres buenos" de la comunidad francesa de Lombers; desde Persia aparecen los cátaros seguidores de Manises, especialmente dualistas y maniqueos, válgase la redundancia; y no faltan otras muchas sectas religiosas medievales, católicas o no, que se autonombraban a sí mismos "puros", es decir, cátaros en griego, pero no realmente "cátaros" como secta definida, porque ni siquiera los cátaros de Languedoc se llamaban a sí mismos "cátaros".

Hay ciertos rastros de cátaros a finales del siglo X y del siglo XI, pero su puesta en público fue en el siglo XII para acabar masacrados en el siglo XIII; sin embargo, no todos desaparecieron, algunos de ellos pactaron con la Iglesia y con otras órdenes católicas religiosas, para perderse casi del todo, al menos públicamente, en el siglo XIV, si bien los mitos y las leyendas dicen que están vivos, aunque en las sombras, en pleno siglo XXI, es decir, en el tiempo presente.

II
Las múltiples sectas heréticas

El bien y el mal
en lucha sempiterna
bloquean la puerta
del entendimiento,
sigue tu propio camino,
no les creas.

Una de las principales sectas heréticas del medievo es, precisamente, la secta de los cátaros, tolerada por la Iglesia durante algunos años, pues como esta había varias más, tanto de pensamiento católico como seguidoras de cualquier otro dios.

La palabra "hereje", que no quiere decir otra cosa que "libre pensador", ha tenido una connotación negativa a lo largo de los siglos dentro de las culturas católicas, cristianas, judías y musulmanas, y ha sido motivo de persecución moral y legal para quien es señalado por ella.

Era pecado pensar libremente, pues el único pensamiento debía ser el divino. Solo la palabra de Dios, por absurda que pareciera, era la correcta y la válida. Pensar fuera de lo que Dios había dicho, escrito o comunicado a sus profetas, era un terrible pecado, tanto si se señalaba que la Tierra era redonda y no plana, como si se ponía en tela de juicio los excesos de Dios y sus secuaces, es decir, de sus representantes en la Tierra, por patentes y palpables que fueran.

No había más verdad, ni podía ni debía haberla, que la verdad de Dios, por lo que cualquier grupo o persona que se atreviera a pensar críticamente de manera independiente, era reo de condenación eterna, de tortura, cárcel, y hasta de quema en la hoguera.

No importaba si el mensaje de la secta era sano, santo, puro, bondadoso, positivo o necesario, porque lo que importaba era que fuera aprobado por la Santa Sede y sus ministros, siempre apegados a la Biblia o a las revelaciones que Dios le dictaba al Papa de turno.

El resto, el pensamiento crítico que hoy en día se les pide a las escuelas, era pura y malvada herejía dictada por Satanás a los pensadores rebeldes, y había que combatirla.

Muchos son los "cátaros", pero pocos son los cátaros verdaderos.

ALBIGENSES

Los que van de blanco o que provienen de la ciudad de Albi.

Los albigenses, cátaros o adoradores de los gatos,

es la herejía medieval más famosa en nuestros días, pues hasta el siglo XIX prácticamente nada se sabía de ellos ni en Europa ni en el mundo, más allá del sur de Francia, pues todo su conocimiento, recuerdo, drama y tragedia se concentraba en Occitania.

Por increíble que parezca, y aunque Inocencio III iniciara una cruzada contra los cátaros, no se puede decir que todos los llamados "cataros" conformaran un solo grupo unido y cohesionado.

La gran fama que adquirieron los cátaros viene dada, por una parte, por la naturaleza misma de su doctrina, y por otra, por el gran revuelo que comportó su existencia en la Baja Edad Media.

El papa Inocencio III (1161-1216)

Inocencio III convocó a los nobles de Francia a una cruzada contra los cátaros del Languedoc, llamados albigenses o no, porque algunos de ellos tenían en la ciudad de Albi uno de sus feudos más importantes.

El origen católico de la secta cátara era innegable, pues en la época de su persecución ya contaban con cinco diócesis, perfectos (obispos consagrados), aspirantes (monjes, fraters o sacerdotes dentro de esa estructura religiosa), numerarios (simples creyentes que seguían el culto y las misas).

Creían en un Dios bueno, creador de las almas, pero no del mundo material; eran dualistas, por lo que ante ese Dios bueno había un demonio en extremo malvado, creador de todo lo material y del pecaminoso cuerpo humano donde se asentaban todos los pecados.

La mayoría de los cátaros eran vegetarianos.

Algunos grupos rechazaban el matrimonio, pero entendían que la procreación era tristemente necesaria.

Otros hubieran prohibido con gusto toda relación sexual, matrimonio, hijos, deseo y todo lo relacionado con unas relaciones o masturbaciones que eran hijas de Satanás, sucias, asquerosas e impuras.

No había salvación posible fuera de la pureza de mente, cuerpo y alma.

Ni Cristo ni Dios podían salvar a nadie por no ser puros y porque podían ser un engaño de Satanás para seducir a los incautos con falsas promesas.

Había cátaros que veían en Jesús a un símbolo, mientras que otros dudaban de su pureza, veracidad y origen, es decir, de su verdadera existencia.

Solo las almas eran buenas y puras, y cercanas al

ideal platónico, el resto era materia miserable, mortal y total podredumbre, que debía superarse con la abstinencia de todo lo físico y material de este mundo.

Pensar de esta manera fue suficiente para que se convirtieran en terribles herejes y reos de condenación, como tantas otras sectas y órdenes más o menos religiosas fallidas, o finalmente absorbidas por la Santa Iglesia Católica.

Prístinos o cristianos primitivos

Desde los siglos I y II de nuestra era, en la catacumbas del Imperio romano, hubo diversas sectas y grupos provenientes de casi todas las partes del mundo, desde germanos hasta escandinavos, hindús, árabes, persas y turcos, semitas, egipcios y hebreos, que se arremolinaban en los barrios bajos de la Ciudad Eterna en busca de una mejor vida bajo la riqueza del Imperio.

Los fenómenos migratorios no son nada nuevo en la humanidad civilizada, y si hoy a la esclavitud del migrado se le llama "oportunidad de trabajo", en aquella época se le llamaba simplemente servidumbre o esclavitud.

Ser esclavo en Roma no era nada fácil, e incluso había quien pagaba para serlo, o que se vendía por un poco de agua y mendrugos, como ahora se hace para tener un empleo, con unos ingresos tan bajos que se opta por vivir en los márgenes de la ciudad, hacinados, o en las tumbas, como se hacía en Roma, pues no se podía comprar una propiedad ni pagar un alquiler.

Vivir entre las osamentas de las catacumbas

Cientos de migrantes recién llegados no tenían más opción que la mendicidad, pues ningún patricio los quería a su servicio, y muchas veces su único hogar y punto de reunión eran los despoblados o las tumbas romanas.

Ahí, en las catacumbas se reunían judíos, persas, árabes, sirios y, posiblemente, hasta orientales para hablar de sus creencias y hacer sus rituales, hasta conformar grupos más o menos cohesionados, como los seguidores de Mitra o los gnósticos, hasta que bajo las ideas, profecías y mitos de un tal Saulo de Tarso (san Pablo) aparece el mesianismo, o el invocar a un solo mesías, hijo putativo o real de un Dios, y esa idea recayó en Jesús, un profeta judío.

Cuentan que Saulo de Tarso incluso vendió la idea

del mesías a Roma, que en aquel entonces contaba con todo tipo de sectas, templos y religiones, además de la oficial, la romana, que iba perdiendo fieles realmente creyentes, pues Júpiter no era tan milagroso como Io o como Vesta, y el pueblo cambiaba de religión como de sandalias, es decir, usaba a los dioses que le convenían y no le tenían verdadera fidelidad a ninguna creencia.

Los Prístinos, desde las catacumbas, extendieron la esperanza de un Mesías, primero entre los limosneros y los ladrones, luego entre los esclavos y los sirvientes, y finalmente entre las esposas y las hijas de los patricios, y de ahí, en solo tres siglos, ya tenían la devoción de medio Imperio romano.

Cristo no estaba presente, era un conveniente espíritu, al que ni siquiera su mayor promotor, Saulo de Tarso, había conocido en persona, como tampoco lo hicieron ninguno de los evangelistas, ni los cuatro aceptados por el canon, ni los 16 apócrifos subsecuentes, con lo que Cristo fue un popular personaje religioso sin que nadie pudiera demostrar su existencia.

Cristo es y era espíritu no creado para los cátaros, pues de haber sido creado por Dios (aunque fuera creado por san Pablo), perdería todos sus valores de pureza y, como cuerpo físico sería cosa del Diablo.

Por eso, hay quien defiende el origen de los verdaderos cátaros en las catacumbas de Roma, donde se renunciaba a todo y se abrazaba el espíritu mesiánico del Ictus.

ARRIANOS

Fue considerada por algunos como una secta o grupo contrario a los primeros cristianos que quizá sí consideraban a Jesús el Hijo de Dios, aunque su símbolo era un pez y no un hombre llamado Cristo. La verdad histórica los sitúa justo cuando en Roma, bajo Constantino, se le da el viso de legalidad a la religión católica, apostólica y romana, donde unos obispos y sus seguidores consideraban real la divinidad de Cristo, y otros obispos, los seguidores de Arrio, la consideraban negativa o del todo herética.

Símbolo de los primeros cristianos

La presión de los godos, arrianos por ideología y poderosos por las armas, sometió a Roma y a su recién creada religión oficial y obligatoria en el siglo V, con lo que durante siglos (por lo menos hasta el siglo XI) los trinitarios fueron la secta, y los arrianos los legales y oficiales.

En plena Baja Edad Media, en fechas cercanas a Inocencio III, los trinitarios ganaron poder en las instituciones católicas, y los que pasaron a ser herejes fueron los arrianos, entre ellos los diferentes grupos cátaros de Europa. El nacimiento de la fe arriana se atribuye a Arrio, presbítero de Alejandría (siglos III y IV), y se fue extendiendo paulatinamente por el mundo conocido durante los siglos siguientes, sin un Cristo divino, y mucho menos Hijo de Dios o Dios Padre mismo.

Hay quien confunde la fe arriana y la sitúa fuera del catolicismo, argumentando que los godos se fueron convirtiendo al trinitarianismo a medida que conquistaban el resto de Europa centro occidental. Los godos, como buenos germanos y descendientes de las creencias góticas, abrazaron el catolicismo al ver su capacidad de control social, pero nunca el pensamiento trinitario, aunque lo toleraron al ver su popularidad y la falsa esperanza que transmitía al pueblo.

Lo que sí hicieron los godos, según Thompson, fue dormirse en sus laureles y dejarse "vencer" por los árabes, con los que hicieron pactos de lo más convenientes, sin renunciar por ello a sus creencias religiosas.

Para los cátaros, el arrianismo tenía cierto sentido, pues la idea de un supuesto Dios teniendo hijos mortales, eran un verdadero y grosero absurdo. Cristo, con cuerpo físico y material, no podía ser más que otro humano, excepcional y en busca de la perfección, sin duda, digno de ser emulado, pero nada más, ya que toda creación material esa cosa del Diablo.

ARNALDISTAS

O seguidores del canónigo Arnaldo de Brescia, que en pleno siglo XII pretendían, como muchas otras sectas, recuperar el cristianismo original, aunque nadie supiera de manera exacta cómo era ese cristianismo, si basado en los Evangelios, o en las entrañas de la Roma Imperial.

Muerte de Arnaldo de Brescia, precursor de la pobreza

En el siglo I los seguidores del Mesías, representado por un pez, posiblemente nada sabían de un señor llamado Jesús que se proclamaba como tal desde el más allá, pues ya llevaba por lo menos sesenta años muerto.

En su lugar, y más popular por aquel entonces, era Mitra, el que había vencido al toro del mal, y representaba al Sol, o al hijo del Sol, como divinidad salvadora de la humanidad, con referentes persas cercanos a Mazda y a Zoroastro, y alguna relación con el Deva hindú Mitra, más guerrero que santo, fuerte y valiente, que en poco o nada se parecía al Jesús de Saulo de Tarso.

La popularidad de Mitra era tanta, que llegó a tener un templo en plena Roma durante el siglo III, y es posible que algunos proto cátaros lo siguieran adorando mil años después, pero Roma se decidió por Jesús, rebelde, pero santo, casto y puro, cuya relación con María Magdalena (supuesta antecesora de los merovingios) era del todo espiritual y asexual.

Estos pensamientos arnaldistas no eran del todo arrianos, como se les acusaba desde la Iglesia católica, ya que referían a un Mesías original del cristianismo y divino, aunque no le daban la personalidad de Jesús, sino del Espíritu de Dios derramado en la Tierra, que se debía recuperar para el bien de la humanidad.

El Papa Gregorio VII, un siglo antes, también tenía como objetivo devolver a la Iglesia católica los preceptos iniciales del cristianismo, como la santidad, la castidad y la pobreza.

Gregorio, quería que las diferentes liturgias de las diversas regiones católicas, fueran una sola, dependiente de Roma, por supuesto, y no que cada diócesis tuviera la suya propia, cosa que logró imponiendo el rito romano en Occidente, porque en Oriente, desde Grecia hasta Anatolia (hoy Turquía), prevaleció el rito ortodoxo.

El Imperio germánico romano apoyaba a Gregorio VII, aunque al poco tiempo, al ver el incremento del poder del Papado que se proclamaba inefable y superior a los reinos de la Tierra, ya no pudo dar marcha atrás.

Gregorio VII, reformador de la Iglesia

Monarcas y señores feudales de toda Europa vieron socavado su poder e influencia, ya que muchos de ellos, además de nobles, eran obispos o seglares con una fuerte presencia en el seno de la Iglesia, por lo que algunos de ellos no se sumaron a las reformas de Gregorio, si bien parecían buenas por fuera, pero por dentro solo aglutinaban el poder del Papado, y dejaban fuera a los poderosos regionales.

Uno de los caballos de batalla de los grupos y sectas heréticas, que estaban de acuerdo con algunas de las propuestas de Gregorio, fue la pobreza, o la renuncia a todos los bienes materiales, así como la humildad, porque la soberbia Papal era evidentemente un pecado.

Los cátaros, unos años más tarde y cuando se hicieron públicos, también apostaron por la castidad, la bondad y la pobreza, pero de una manera más beligerante que Arnaldo.

Antes que Francisco de Asís, Arnaldo fue realmente adorado y seguido por los feligreses católicos y no católicos, pues predicaba con el ejemplo y no temía señalar al Papa como el principal pecador, con los monarcas, tan pecadores como el Papa, a su lado, pues el Papado daba el visado a muchos de ellos para que asumieran la corona de su territorio, incluso si la habían conseguido por traición o asesinato.

Federico I, Barba Roja, ante la promesa Papal de convertirlo en Emperador del sacro Imperio romano germánico, manda detener al molesto Arnaldo de Brescia para condenarlo a muerte, lanzando sus restos al Tíber y negándole la sepultura, para que los seguidores de su persona y de sus ideas, entre los que posiblemente se encontraban algunos cátaros, no lo adoraran tras su desaparición.

Federico I, Barba Roja

Los valdenses o los Pobres de Lyon

Casi veinte años después de la muerte de Arnaldo de Brescia, aparecen los valdenses, conocidos como los Pobres de Lyon, y seguidores de un tal Pedro Valdo, rico comerciante que dejó atrás una existencia de lujos y placeres carnales y materiales, para abrazar una vida pobre, humilde y mendicante.

No se puede ser rico y cristiano a la vez, pues quien es rico no puede ser cristiano, y quien es verdaderamente cristiano no puede ser rico.

Los valdenses están muy lejos de ser arrianos, y aunque algunos cátaros siguieron muchas de sus premisas, sí tenían a Jesús como el unigénito de Dios, y en los cuatro evangelios, la realidad de su paso por este mundo, salvador y redentor de la humanidad a la que había limpiado de pecado con su propia sangre, por lo que Pedro Valdo, más que cátaro, fue una especie de protestante prístino, que exigía la traducción de la Biblia, Antiguo y Nuevo Testamentos, en todas las lenguas para llevar la palabra de Dios a todos los rincones del mundo.

Los valdenses estaban convencidos de que todos y cada uno de ellos debía ser un predicador más, un apóstol de Cristo que debía llevar la buena nueva a todos los que pudieran escucharle.

Sin necesidad de acusar al Papa de reo de Satán, ni a las Escrituras de falsedades diabólicas, los valdenses fueron condenados en el III Concilio de Letrán, junto con la herejía cátara, a morir de la manera más cruel posible, por el bien de su alma.

LOS MILENARISTAS

Al cumplirse los mil años del supuesto nacimiento de Jesús, el Cristo, y observando al Apocalipsis de san Juan como algo cierto, no faltaron las sectas, internas y externas del catolicismo, que esperaban realmente el fin de los tiempos, el Día del Juicio Final, y el retorno del Mesías galopando sobre un caballo blanco y blandiendo una espada para acabar con los no creyentes, sacrílegos y pecadores, aunque nada decía sobre los libre pensadores, es decir, sobre los herejes, pues la única condición era creer en la palabra del Mesías para tener la oportunidad de ser salvados.

El problema, al menos literario, era que si Jesús no vencía al Demonio en su regreso a la Tierra, los humanos estarían bajo el dominio del Demonio durante dos mil años, para unos a partir del 29 de septiembre del año mil, para otros el 25 de diciembre del año 1033, y no faltaban los que señalaban el 21 de marzo de 1090, más o menos, pero de que estaba a punto de hacerse realidad no había disputa alguna entre los milenaristas.

En la curia romana no lo tenían tan claro ni tan cierto, por lo que consideraban herejes a los que mantenían dicha tesis, como el abad Joaquín de Fiore y Dulcino, fundador de la secta de los Hermanos Apostólicos, o Dulcinistas.

Dulcino también estaba a favor de la castidad, la humildad y la pobreza, algo que no gustaba nada al clero establecido, cuyos cargos más importantes venían de familias ricas o muy bien acomodadas en el comercio y la corte, y solo algunos monjes y sacerdotes de familias humildes practicaban la pobreza porque no tenían más remedio.

Incluso en el negocio de la religión hay clases, algo que no se le escapaba a Dulcino, quien es posterior y tal vez sobreviviente a la masacre de los cátaros, por lo que no es nada raro que criticara con furor tanto a los nobles, como a los señores feudales, sin dejar de señalar a la Iglesia como fuente de casi todos los males de la humanidad medieval, por asesina y déspota.

Hay quien piensa que Dulcino, antes de formar su propia orden o secta religiosa, profesó el catarismo, incluso con un cargo importante, lo que lo hacía más sospechoso y digno de persecución por hereje ante las autoridades católicas.

El apocalipsis siempre está por venir para los pobres y los desheredados

Como Inocencio III ya había desaparecido de este mundo, fue el papa Clemente V, desde la sede papal constituida en Aviñón, quien promulgó una nueva cruzada, esta vez para acabar con los molestos Dulcinistas.

Dulcino fue arrestado, torturado y ejecutado el verano de 1307, creyendo que Jesús había bajado a la Tierra, perdido la batalla y dejado en manos de Satanás el reinado de la humanidad por los siguientes mil años, y que la Iglesia católica era, como ya pensaban los cátaros, la prueba de que el Demonio mandaba sobre el planeta.

Los adventistas

No fueron pocos los religiosos que mantuvieron en sus pensamientos, prédicas y sermones, la idea del segundo advenimiento de Cristo, que tenía que darse tarde o temprano, y que pasaron del catolicismo al cristianismo protestante durante la Reforma y escisión de Calvino y Lutero, salvándose así de persecuciones.

Entre ellos tampoco faltaron los adventistas, que creían que el Mesías nunca había llegado por más que lo usara de bandera el catolicismo, por lo que seguramente estaba por venir, como pensaban los judíos y los mahometanos, conversos o no, para salvar a la terrible humanidad de una vez por todas.

Los cátaros nunca estuvieron de acuerdo con la salvación por intervención divina o mesiánica, pues creían firmemente que la salvación, si es que existía, dependía única y exclusivamente de cada ser humano, no de sus dioses ni de sus creencias religiosas.

Maniqueístas

En Babilonia durante el siglo III de nuestra era, el filósofo Manes dio forma a la idea de que nada puede ser a medias, gris, mezclado, sino una u otra cosa: el bien no puede tener una gota de mal, y el mal no puede tener una gota de bien, una tesis muy similar a la religión persa regida por Ahura Mazda.

O el bien, o el mal,
nada intermedio

Los cátaros pensaban lo mismo, y si bien comprendían la complejidad del mundo y de las personas, insistían en que el camino hacia la perfección debía ser claro y total, superando cualquier mancha o defecto, y cualquier atisbo de maldad.

Quizá los cátaros no provenían como secta de Babilonia, pero eran obviamente maniqueístas, y si bien el ser humano nacía con mancha, o pecado original, su deber era limpiar esa mancha para llegar a ser puro.

La emulación de Cristo, aunque no fuera un espíritu sino un hombre, era la mejor forma de hacerlo, luchando día a día para alcanzar la perfección que liberara al espíritu ideal y se desprendiera de todo lo material, mental y emocional que lo ataba a este mundo regido por Satanás.

PAULICIANOS

Los paulicanos, o paulicianos, fueron una secta hereje, pero muy cristiana, que se desarrolló en medio del siglo VII y pudo influir en el pensamiento cátaro.

Quizá no fueron tan críticos con la Biblia como los cátaros, pero sí renegaron de ella y la ignoraron todo lo que pudieron.

Sus enseñanzas, dualistas y maniqueístas, duraron varios siglos (y aún perviven) recorriendo un largo camino, desde Armenia hasta Europa, pasando por Turquía (Anatolia) y, prácticamente, toda la Cuenca Mediterránea.

"Dios no puede tener dos caras, una de bondad y amor, y otra de asesinato, invasión y venganza".

El Antiguo Testamento, sobre todo, debía ser ignorado como palabra divina, pues aseguraban que no tenía nada de bondad, amor y ascenso espiritual.

A pesar de esta postura, no fueron demasiado perseguidos, aunque su forma de entender a Cristo chocaba frecuentemente con las autoridades eclesiásticas, de las cuales a menudo alguno de sus líderes, como Sergio, fue parte y hasta punta de lanza dentro de un territorio, el Medio Oriental, para intentar frenar el recién nacido Islam y mantener la fe católica y cristiana en la zona, donde instauraron un Estado Pauliciano.

Los cátaros compartían alguna de sus creencias, como estar en contra del matrimonio, sobre todo de monjes y sacerdotes, y estar a favor de un estricto celibato, que reprimía la sexualidad en todos los planos, aunque algunos paulicianos, sobre todo los que estaban fuera de Bizancio, no condenaban del todo el sexo y el matrimonio, pues lo consideraban necesario para la supervivencia humana, a pesar de nacer del más promiscuo pecado.

BOGOMILISMO, EL ANTECEDENTE MÁS CERCANO

Por tanto, más que desaparecer, los paulicianos se difuminaron dentro de otras sectas y de la misma Iglesia católica, como en el bogomilismo, para evitar ejecuciones y males mayores.

Cambiar de secta o de parecer para evitar males mayores.

Los bogomilos (los "amados de Dios") fueron más paulicianos que los paulicianos, con una marcada presencia en la Europa Oriental de los siglos IX y X.

Muy creyentes y ascéticos, fervientes y sacrificados, pero con una visión de Cristo algo particular (una especie de holograma, más que un espíritu o un cuerpo humano), y si bien había dos facciones bien determinadas: los albaneses, estrictamente castos y puritanos, que se instalaron como ermitaños en los montes y montañas; y los garetenses, que eran menos estrictos y convivían con los pueblos dando ejemplo con sus actos para el bien social y espiritual de la gente.

Su existencia en el siglo XI los hace muy cercanos en el tiempo a los cátaros, y algunas de sus creencias parecen confirmar cierto traspaso de bogomilo a cátaro:

– Negaban, como los arrianos, el nacimiento divino de Cristo Jesús (la idea de Dios haciendo el amor con María les parecía aberrante), así como la sacrílega coexistencia personal del Padre, el Hijo y el Espíritu Santo, y afirmaban, además y para enfado y molestia de la Iglesia, que Cristo no había sufrido la crucifixión, ya que su cuerpo solo era aparente y no real en el mejor de los casos.

– Sostenían la concepción dualista maniquea del origen del mundo con la lucha sempiterna de lo malo contra lo bueno y viceversa. Creían que Dios había tenido realmente dos hijos, Satán y el arcángel Miguel, el mal y el bien, respectivamente; y que Jesús, por supuesto, no era su tercer hijo.

– Negaban la validez de los ritos, las ceremonias y los sacramentos cristianos, pues eran un acto más de magia o hasta brujería para robar el espíritu de los creyentes, siempre con la falsa promesa de curar o de conceder milagros.

– Como los cátaros, aseguraban que los dichosos milagros hechos por Jesús debían ser interpretados en sentido espiritual, y no como hechos materiales, pues la responsabilidad del ser y del estar, correspondía a cada uno de los seres humanos.

El bautismo, solo para adultos conscientes

– Como muchos grupos evangelistas y protestantes de la actualidad, consideraban que el bautismo era solo para personas adultas que así lo eligieran, sin administrar agua ni santos óleos, sino celebrando simplemente con un acto de contrición para manifestar la autorrenuncia, y con oraciones cantos y plegarias.

– Se instruían unos a otros en los secretos y saberes de Cristo, pues no tenían sacerdotes de discipulado ni una jerarquía de ordeno y mando.

– Rezaban y hacían sus rituales religiosos preferentemente en los hogares de los miembros, pues los templos, sobre todo los pomposos, les parecían una verdadera afrenta y grosería para el pueblo llano, aunque el mismo pueblo llano los adorara sin darse cuenta de que ellos pasaban hambre mientras en el templo o la Iglesia se vivía placenteramente y con lujos excesivos que ellos pagaban con sus limosnas.

En Tracia fueron perseguidos y casi exterminados, por lo que los que se salvaron huyeron a Occitania y a España, pasando de puntillas por lo que hoy es Italia, procedentes de Rumanía y Bulgaria, dejando la impronta de sus creencias y su posible conversión al catarismo, para perderse finalmente en el mar de los tiempos.

LA MILICIA CRUCÍFERA EVANGÉLICA

Aunque algo tardía cronológicamente, siglo XVII, nos cuenta Francis Barret en su libro *El Mago*, nace la Milicia Crucífera Evangélica, creada por Simón Studion, con muchas de las consignas, reglas, ideas y creencias de los cátaros y de los gnósticos de la era grecorromana, sin faltar los santones hindúes y los sacerdotes egipcios.

Krishna y Cristo, ¿el mismo espíritu reencarnado?

Obviamente, tanto si eran evangelistas y católicos, cristianos o protestantes, judíos, hinduistas o mahometanos, herejes o seguidores de la regla católica, se concedían a sí mismos una edad más que milenaria, y apostaban por una religión, nueva o antigua, más mística, esotérica, mágica y hasta científica, donde ni la Astrología ni la Alquimia fueran ajenas.

Proponían, además, no solo la traducción de la Biblia y el Nuevo Testamento, sino su análisis cabalístico, porque suponían que en esos textos, a veces terribles y cruentos, debía haber algo más serio, más elevado y más espiritual.

Algunos estudiosos apuntan que los masones, rosacruces y similares, como los Illuminati proceden de la Milicia Crucífera Evangélica (pues utilizan sus mismos símbolos esotéricos), un ejército que trabajaba y luchaba para desvelar la Palabra de Dios, y los hechos de Jesucristo, tanto como hombre o divinidad, llegando a compararlo con Krishna, Horus o Zoroastro, es decir, con una presencia divina milenaria que se había dado varias veces, ya fuera como avatar o por reencarnación, tesis que no les era ajena a los cátaros.

LA FAMA FRATERNITATIS

No es otra que la famosa Rosacruz, que se arroga de tener y contener todos los conocimientos y todos los secretos del mundo por obra y gracia de Jesús, de Dios o del Espíritu Santo, pasando por todas y cada una de las religiones, sectas y órdenes esotéricas del mundo, sin faltar, obviamente, y desde el siglo XIX, los cátaros.

Hay muchas ramas y grupúsculos que se autodenomina "rosacruces", así como confusiones, o enlaces ciertos, con los masones y los francmasones, que también tienen un sinnúmero de logias, templos y filiaciones, con el denominador común que todas se piensan antiquísimas y poseedoras de la más esotérica sabiduría y elevado conocimiento.

La antigua y mística
Orden de la Rosa Cruz

¿Cuál es la verdadera? Posiblemente la primera, que pudo haber salido de las filas de los masones o los francmasones, aunque no se sabe exactamente cuándo ni cómo ni por qué, pues con la figura del mítico Christian Rosenkreutz tienen más que suficiente para alegar, cada una de ellas, su originalidad y prevalencia sobre las otras.

Se cuenta que, por causa de las diferentes persecuciones hacia sus miembros a lo largo y ancho de la historia, se mantuvieron en la oscuridad y en la clandestinidad, alejados de la fama y el foco público del mundo, por lo que solo se han manifestado abiertamente cuando no había peligro de tortura, hoguera y muerte.

De los cátaros se dice algo similar, ya que como gnósticos podían haber estado presentes en la Cuenca Mediterránea desde antes de que Jesús y Saulo de Tarso aparecieran en escena, es decir, en los siglos I y II antes de nuestra era, junto al zoroastrismo negado o desconocido por occidente; o incluso ser anteriores a la civilización egipcia y más cercanos al mundo ideal espiritual, que a la Tierra.

Por eso hay quien señala un posible vínculo entre los cátaros del Medievo con los rosacruces del Renacimiento o de la Modernidad, aunque las fechas no cacen ni exista nada que sustente esta idea, porque, como todo lo espiritual y divino no necesita de más pruebas que la fe ciega y la creencia.

Si hiciéramos caso del Otelo de Shakespeare, los rosacruces serían una especie de masones o francmasones de baja estofa, aunque los anuncia algunos años antes de que aparecieran en la escena pública.

La cronología mundana no es amiga de las elevadas creencias, y mezclar cátaros con rosacruces, a la hora de inferir, crear, imaginar y postular, no es ningún problema.

GNÓSTICOS

Por supuesto, casi todas las sectas heréticas, y quizá también muchos católicos, Papas, obispos y prelados, tenían una fuerte influencia gnóstica, que consiste más en saber y conocer, que en simplemente creer, incluso cuando se trata de epifanías y experiencias más o menos místicas y sobrenaturales, que pueden provenir de problemas mentales o de desarreglos del alma, tanto como de una iluminación espiritual verdadera.

Si hay un Dios, es ante todo conocimiento

La esencia cátara pudo haber venido del gnosticismo, que a su vez pudo nacer miles de años antes, según unos hace seis mil años, al lado de las primeras grandes religiones; y para otros uno o dos siglos antes de nuestra era, entre los esenios, los semitas o los persas. La verdad es que no se sabe, aunque se hicieron más visibles en el siglo I de nuestra era, tanto en

Roma como en Grecia, que le dan el nombre de conocedores o "gnósticos", donde la Divinidad no es un ser, sino conocimiento.

Algunos de ellos, como Valentín, el gnóstico, eran verdaderos filósofos en toda la extensión de la palabra, pues sabían tanto de ciencias exactas, como de ciencias naturales y esotéricas, donde el concepto de Dios era un reflejo o idea humana, donde se superponían un Ser Realmente Divino y Elevado, y otro ser cercano al comportamiento y pensamiento humano, ciertamente poderoso en comparación con los hombres, pero obviamente torpe, ignorante y malvado, como el dios o los dioses de todas las creencias y cultos de los hombres.

El gnosticismo era tan racional, incluso en cuestiones de "espiritualidad", que hasta los cristianos primitivos lo consideraron una herejía, un pensar más allá de la divinidad, una afrenta humana de orgullo, soberbia y presunta sabiduría que ofendía a los dioses en general, y a Dios en particular.

Los gnósticos, a pesar de su aristotelismo y platonismo, no eran para nada ateos, pues creían en el Espíritu del Cosmos vehementemente, más allá de todas las religiones y todos los dioses habidos y por haber.

"La esencia del Cosmos Universal se derrama sobre el mundo de diferentes maneras, pero la esencia final es la misma y siempre se mantiene".

Los cátaros no parecen haber sido una secta especialmente intelectual, sino de acción purificadora y ascética, pero tenían conocimiento del gnosticismo, pero en muchos sentidos eran más agnósticos que gnósticos.

Y, por supuesto, "se puede ser sabio e intelectual, al mismo tiempo que creyente".

Agnosticismo

Posiblemente la secta herética más radical que predicaba que a Dios, si es que lo hay, no se le puede conocer, concebir ni siquiera imaginar de ninguna manera, pues el ser humano no está capacitado para entenderlo, de la misma manera que a una hormiga se le escapa entender al ser humano, a pesar de que convive con él y lo esté viendo todos los días.

Muchos confunden al gnosticismo con el agnosticismo, pues en ambas sectas el conocimiento de las cosas, el cuerpo, la mente, las emociones, el alma y el espíritu, son fundamentales, con la diferencia de que el agnosticismo tiene serias dudas de la existencia de un Dios, así como de la capacidad humana para comprenderlo.

Como en la cábala, y para el agnosticismo, de existir un Dios verdadero, sublime y elevado, sería un Macroprosopus más allá de todo entendimiento humano, porque solo somos capaces de concebir, o incluso de creer y de crear a un Microprosopus, hecho casi a la imagen y semejanza de nosotros mismos, y muy posiblemente inventado e imaginario, con las virtudes y defectos del contexto, de la época y de la humanidad. Con el demonio, o avatares de Satanás, pasaría lo mismo, es decir, que sería un torpe reflejo de nuestras propias maldades y defectos, e incluso de alguna virtud soterrada o poder que ni vemos ni comprendemos.

"No hace falta Dios para hacer el bien, ni Satanás para hacer el mal".

En cierto sentido, muchos de los grupos cátaros, sobre todo los finalmente masacrados en el Languedoc, fueron más agnósticos que cualquier otra cosa, o al menos lo intentaron.

III
Entonces, ¿de dónde salen realmente los cátaros?

Nada sale de la nada,
todo proviene de algo,
las ilusiones de la ilusión
y la creación
de lo antes creado,
en el ciclo eterno
del pensamiento
y el corazón.

Por tanto, volvemos a preguntarnos: ¿de dónde salen los cátaros?

Lo más probable es que hayan surgido de una orden religiosa católica fallida, o no, aceptada del todo por la Iglesia al menos por un tiempo por determinados intereses, como la secta de los bogomilos; incluso aceptada, pero dividida, como la Orden Trinitaria y de los Cautivos auspiciada por el mismo Inocencio III, donde los miembros escindidos de Roma se fueron a probar fortuna en las tierras del Languedoc, donde progresaron y llegaron a tener cinco diócesis, como las de Albi, Narbona, Bréziers y Toulouse, dependiendo de la fuente, así como presencia prácticamente en todo el Languedoc, por lo que la Iglesia, ni corta ni perezosa, al ver que podían convertirse en una nueva religión que desafiara el poder Papal, intentó convencerla para que volviera a la regla del seno de la Iglesia, a través de los santos Bernardo de Claraval, en 1145, y del terrible Domingo de Guzmán, creador de la Orden de los Dominicos, en 1207.

Las fechas de unas y de otras fuentes no son coincidentes, ya que unos afirman que la secta se erigió en el 1160, y otros que fue antes, aunque no dan año exacto, pero sí entre los papados de Gregorio VII e Inocencio III.

Los soldados de Santo Domingo dieron buena cuenta de los cátaros de Bréziers y alrededores, pero pese a la cruel y extensiva matanza que no respetó al pueblo llano, católico y no cátaro, en realidad no exterminaron a toda la secta, pues hay presencia de la misma por lo menos hasta bien entrado el siglo XIV.

Se supone, por tanto, que muchos cátaros, perfectos y aspirantes sobre todo, siguieron adelante con sus prédicas y críticas, pero ya disminuidos en poder y en popularidad, mientras que otros tantos volvieron al seno de la Santa Madre Iglesia o se sumaron a nuevas órdenes, sobre todo la franciscana, que predicaba también la pobreza, la humildad, el amor y la bonhomía, pero sin criticar ácidamente al Papa de turno ni a los monarcas, nobles y últimos señores feudales.

El origen de su nombre también es desconocido,

pues parece que ellos mismos no se denominaban "cátaros", que quiere decir "puros", sino que tal denominación se la pusieron las otras sectas y órdenes religiosas, tanto como burla por sus aspiraciones ascéticas, como por admiración a sus férreas creencias.

Posiblemente se llamaban a sí mismos albigenses, en honor a los prístinos o cristianos primitivos con un Saulo de Tarso tejedor, es decir, "albigense" (el que teje), más gnóstico que proto católico.

En una Edad Media llena de pestes y enfermedades contagiosas, se ganaron el apodo de "adoradores de los gatos", tenidos en aquel entonces como seres demoniacos, pero muy útiles para frenar el crecimiento de ratas, y, por lo tanto, de diversos contagios y enfermedades, una tradición proveniente del antiguo Egipto.

San Bernardo los llamaba albigenses desde el 1147, aunque se supone que no se dieron a conocer como orden hasta el 1160, cuando la gente ya los llamaba cátaros.

De esta manera, pasaron a la historia como cátaros albigenses para los estudiosos del siglo XIX.

"Puros tejedores" o "tejedores puros", en la urdimbre de las creencias de ecologismo, feminismo, igualdad, bondad, humildad y pobreza, donde la humanidad debía ser un jardín natural y no el monstruo civilizado que entonces era, limpia y pura, sin excesos morales ni materiales, ni afeites ni hipocresías, sin abusos ni masacres, sino natural y espiritual, renunciando al aciago mundo que, seguramente, Satanás regía y dominaba.

A pesar de ese dominio satánico, los cátaros cantaban, rezaban y bailaban celebrando a la naturaleza y a las cosas buenas de la vida, pues consideraban que la alegría era parte fundamental de la bondad del alma.

MI JARDÍN

Mi jardín, que en realidad no es mío
por más que me ocupe en ocuparlo,
está lleno de hierbas silvestres,
dicen que unas buenas y otras malas,
mas no sé verlas diferentes,
pues las amo a todas;
hay insectos por todas partes
junto a algunas buenas
y santas alimañas,
y mariposas errantes amarillas o blancas,
pequeñas flores violetas, doradas,
y el deambular de uno que otro fiel gusano,
sin faltar algún ave o algún roedor,
con el viento de la tarde
y el rocío de las mañanas,
que ahí encuentran de comer semillas y agua,
hongos de la humedad,
cenizas de mi pipa
y los posos de té aún remojados
sobre las hojas caídas que mueren
y se pudren para dar nueva vida
al árbol que no da frutos, de momento,
pero que el día de mañana piensa darlos.

Me gusta verlo así
mientras fumo y me relajo.

Sí, no puedo evitarlo,
de vez en cuando viene un jardinero
y poda y limpia a destajo,
observado por los gatos vecinos,
escuchado por los seres vivos
que corren a esconderse
pues nada pueden hacer para pararlo.

He de admitir
que no se ve mal limpio y ordenado,
pero sabe que no es él;
solo el tiempo podrá recuperarlo.

Mi jardín, que no es mío,
pero que me ocupo en ocuparlo.

Canto cátaro

Orígenes míticos

La imaginación humana da para mucho, incluso para lo que tarde o temprano se convierte en realidad, pero que generalmente se manifiesta en los mitos y leyendas sobre alguien o sobre algo, sobre todo en fenómenos, como el de los cátaros, donde no hay documentos reales ni una historia fehaciente.

Desde siempre, existencia eterna

Hay quien afirma que los cátaros han existido siempre, desde el descubrimiento de Dios por parte de los hombres, pues hasta hace muy pocos miles de años han sido conscientes de su presencia, o desde el mismo principio de la humanidad, pero se han manifestado abiertamente muy pocas veces y solo para señalar el fraude que se hace en su nombre, denunciando a perversas instituciones políticas, económicas y religiosas, como la Iglesia católica entre muchas otras.

Cátaros, ¿descendientes de los ángeles?

DESCENDIENTES DE LOS ÁNGELES

O ángeles que se humanizaron con el paso del

tiempo y que operaron en secreto durante milenios, hasta que vieron la necesidad de hacerse presentes por el bien de la humanidad, tanto al principio del cristianismo como en la Edad Media, y que siguen presentes y escondidos, como también lo hace la Hermandad Blanca del Tíbet, para volver a hacerse visibles cuando se requiera de verdad su presencia.

Es posible que sigan presentes entre nosotros sin que nos demos cuenta, pero influyendo en nuestro progreso y en nuestras ideas, como el ecologismo, el feminismo, los derechos humanos, el pacifismo, el respeto a los animales y la empatía con los menos favorecidos.

Extraterrestres o civilizaciones perdidas

Un caso parecido al de los ángeles, o al de *El eterno Adán* de Julio Verne, una civilización de este o de otro mundo, que cayó en desgracia o aterrizó sin quererlo en este planeta, y perdió todas sus habilidades científicas y tecnológicas, las mismas que los llevaron al fracaso, para buscar una forma de vida más pura, cierta y bondadosa, algo que han logrado para sí mismos, pero que no han sabido o no han podido transmitir a la humanidad.

El profeta Ezequiel pudo haber sido testigo de la llegada extraterrestre, y el mito de la Atlántida de Platón, o Mu, el continente desaparecido, son las referencias de las civilizaciones perdidas de esta Tierra.

Origen intraterrestre

Incluso la teoría de los intraterrestres, seres humanos que supuestamente viven en Agharta, dentro de las entrañas del planeta, alejados de los terribles humanos que viven en la superficie, podría ser el origen de los cátaros y su forma de pensamiento, en un intento de hacer realmente sana y habitable, sin guerras y con paz, armonía y bondad a la Tierra entera.

Agharta, ¿hogar primigenio de los cátaros?

Cuentan las leyendas que los intraterrestres viajan al espacio en esos vehículos que llamamos ovnis, y que saldrán a la luz el día que los humanos de la superficie cambien para bien, o cuando se autodestruyan y desaparezcan para siempre.

La imaginación humana es inabastable, o bien, la

verdad es mucho más curiosa y extravagante de lo que pensamos.

POR REVELACIÓN

Se cuenta que en el año 1000, un campesino llamado Leutard labraba su tierra en Vertus cuando tuvo una revelación divina y seductora. Entonces abandonó a su mujer para vivir en plena castidad y destruyó una imagen de Cristo en la iglesia del pueblo. Además, Leutard predicó y convenció al pueblo de Vertus de sumarse a su doctrina, por lo que decidieron abandonar el catolicismo y renunciaron a pagar el diezmo que la Iglesia exigía a todos los labriegos.

La suerte de los herejes que no alcanzaban a huir

Al enterarse de tal insolencia, monseñor Jébuin, obispo de Châlons, mandó arrestar a Leutard para ser torturado y reconvenido a la fe católica, pero en vez de eso y para no ceder a las tentaciones, Leutard se quitó la vida, pero dejó una huella indeleble en sus seguidores, que seguramente siguieron sus pasos y predicaron en contra de la Iglesia.

PRIMERAS MANIFESTACIONES

Como de la nada, entre 1017 y 1022, aparecieron por Aquitania inciertos grupos herejes que llamaban al pueblo a renunciar al bautismo y a negar la cruz, pues aseguraban que Cristo jamás había sido crucificado, y a vivir en castidad olvidándose para siempre del sexo y sus placeres. Unos cuentan que cuando fueron descubiertos fueron expulsados de Toulouse, pero otros aseguran que capturaron a algunos para juzgarlos y quemarlos en la hoguera, mientras que otros se dirigieron al sur de Occitania, donde se fortalecieron y formaron una numerosa secta, que bien pudo haber sido la de los primeros cátaros.

LAS REVELACIONES PROHIBIDAS

En el año 1022 en Orleans, el mismísimo canónigo de la catedral, y de Etiénne, miembro de la colegiata de Saint-Pierre y confesor de la reina Constanza de Arlés, pareció volverse loco, pues empezó a decir y a enseñar en sus sermones a los fieles, que Jesucristo no había nacido del seno de la Virgen María, que la Pasión nunca había existido porque Cristo no era de carne y hueso, y que se podían transmitir los dones del Espíritu Santo por imposición de manos, para abrir la mente y comprender el sentido profundo de la Biblia, que en realidad no era la palabra de Dios, sino de los hombres.

¿Enloqueció o se convirtió al catarismo?

El rey, Roberto II, a instancias de Gregorio VII, condenó al canónigo, y a sus primeros catorce seguidores, a la hoguera de manera expedita para que su mensaje herético no siguiera esparciéndose por la comarca.

La rebelión de los más creyentes

En pleno siglo XII y tras las terribles cruzadas para proteger Jerusalén y recuperar todo lo que se pudiera de la Tierra Santa, muchos de los mejores sacerdotes, monjes y hasta nobles, empezaron a tener crisis de fe y a pensar que el papado era una institución diabólica y maldita que adoctrinaba al pueblo, y a no pocos nobles y señores feudales, con las más descabelladas y absurdas mentiras, e intentaron reformar, o incluso destruir, a la demoniaca Iglesia católica.

Incluso los primeros caballeros templarios intentaron rebelarse y extender la verdad verdadera por todo el mundo conocido, a pesar de haber sido reconocidos como orden religiosa y militar al servicio de la Santa Madre Iglesia y el papado.

En lugar de guardar la Tierra Santa, muchos de los monjes templarios hacían más de guardianes de la Ruta de las Especies y de aduaneros, y muchos de ellos desertaron o se adscribieron a otras órdenes religiosas menos guerreras, hasta que en el 1314 y tras casi un siglo de leal servicio, Jacques de Molay, el gran maestre del Temple, fue prendido, juzgado y quemado en la hoguera.

A instancias de Felipe IV de Francia, El Hermoso, mediante una impresionante operación militar, y con la complicidad del papado, prendió simultáneamente a casi todos los monjes soldados del país, entre ellos los templarios, para evitar que las rebeldías espirituales y las crisis de fe aumentaran en número y en poder bélico, pues no era lo mismo someter a monjes pacíficos, como a los últimos cátaros que corrieron la misma suerte, que a verdaderos expertos en el arte de la guerra como los caballeros del temple.

LAS MIGRACIONES DE LOS PERSEGUIDOS

En el 1025, el obispo Gérard de Cambrai se reunió en un sínodo en la catedral de Arrás y presentó a unos cuantos sospechosos de herejía que habían sido arrestados al sorprendérseles predicando todo tipo de blasfemias; posiblemente bogomilos que venían huyendo de la Europa Oriental, proto cátaros por sus creencias.

Al ser interrogados, los supuestos herejes argumentaban que la salvación no podía venir de rituales realizados por prelados, monjes o sacerdotes indignos; que los sacramentos administrados con rituales espurios y amuletos propios de la magia y la brujería no podían ser válidos; que la cruz no tenía ningún valor, pues provenía de una historia falsificada; que las iglesias no servían más que de refugio para los farsantes y para impresionar al pueblo ignorante; que la jerarquía católica era inútil para la espiritualidad, porque basaba su poder en las armas y en lo que recaudaba; que el bautismo no debía aplicarse en los niños, porque no tenían uso de razón; que el matrimonio debería estar prohibido en los sacerdotes; que la violencia era cosa de malvados y demonios; y, lo peor, que todo religioso debería vivir de su trabajo en comunidades igualitarias para hombres y mujeres, mas no de pedir limosna tras engañar a la gente con falsas promesas de un más allá en el cielo, del cual no tenían ni la menor idea.

Los monjes, como todo ser humano, debían vivir de su trabajo

LOS SIN NOMBRE

En el año 1028, en Monforte de Alba, se creó una comunidad religiosa dirigida por un hombre conocido como Gerardo, pero no denominada "cátara", que fue prendida por las autoridades eclesiásticas de la región.

En su comparecencia ante el tribunal, los supuestos herejes declararon, ante Monseñor Heriberto, arzobispo de Milán, que los sacramentos no eran válidos porque eran administrados por sacerdotes sucios y del todo indignos; negaban la Santísima Trinidad y decían que el bautismo no tenía utilidad alguna; que vivían en castidad y que no comían carne. También argumentaban que Jesús no era de carne, sino que "nació solo en las Sagradas Escrituras", pues no era más que una simple alma de hombre amada por Dios Verdadero, como todos los hombres limpios y buenos.

LOS VEGETARIANOS

Para las autoridades feudales, tanto como para el párroco, hubo casos preocupantes de gente común y corriente con ideas poco usuales, aunque no heréticas del todo, pues entre 1043 y 1045 en la diócesis de Châlons se reunían campesinos fuera de la Iglesia, y no en misa o el claustro sinodal, como debía ser, que rechazaban el matrimonio como obligación sacramental, y, lo más raro de todo, que no comían carne a pesar de que la Biblia en el Génesis decía claramente que toda planta y animal estaban para ser consumidos y sometidos por el hombre.

Los feministas

Una de las cosas que más chocaba y molestaba al poder establecido, tanto como político, militar, social, económico y religioso, era que los cátaros aseguraban que la mujer, considerada una especie de animal sin alma, malvada por naturaleza, promiscua, traicionera y poco o nada humana, a la que había que enclaustrar, castigar y reprimir constantemente, fuera tomada como una verdadera persona por los cátaros, sin necesidad que fuera una mártir, virgen o santa.

"La mujer es tan valiosa como el hombre", proclamaban, y "tiene derecho a la libertad y la autonomía para ser y hacer lo que le plazca en esta vida".

Las beguinas, mujeres autónomas, creyentes en apariencia o por conveniencia y autoprotección, con estudios o sin ellos, y seglares en la práctica, que no necesitan de los hombres ni de la Iglesia para mantenerse, aunque aprovechaban lo que se les daba, pudieron haber nacido de los grupos heréticos del Medievo, sobre todo de los cátaros.

A pesar de que los cátaros del Languedoc tenían a las mujeres como iguales, se habla muy poco de ellas, quizá por extensión de la forma de hacer y pensar del patriarcado que sigue presente, o porque quizá ellas mismas no estaban nada interesadas porque se les hiciera publicidad.

Quizá el mismo origen de los cátaros esté en una mujer de la cual no conocemos ni su leyenda ni su nombre, que, como buena beguina, prefirió el anonimato para poder vivir en libertad.

¿A cuántas mujeres cátaras mató la Iglesia católica? No se sabe porque no hay registro de ellas, pero seguramente a un número similar al de los hombres cátaros, junto a las católicas que vivían en Bréziers la fecha de la masacre.

Las beguinas, ¿hijas de los cátaros?

Hay quien supone que este feminismo medieval se debía a ciertas influencias merovingias, donde la figura mítica de María Magdalena como esposa de Cristo se alzaba por encima de consideraciones vejatorias para las hembras, y no se le denigraba por haber vivido una existencia libre, sino que se le ponderaba con la frase evangélica: "aceptadla por lo mucho que ha amado".

"La hembra es diferente al hombre en su función natural, pero es igual a él en la función de su espíritu y su alma".

Ante dichos desacatos que despreciaban las sabias

enseñanzas de las Sagradas Escrituras con respecto a la sumisión de las pérfidas hembras, y a la jerarquía que debían tener los hombres sobre ellas, a los cátaros se les podía tachar y acusar de terribles herejes merecedores de la hoguera, el desmembramiento, la horca o el empalamiento, como así sucedió finalmente.

Acusados de magia, curación y brujería

Durante milenios, y donde la Edad Media no podía ser la excepción, la magia, la curación por medio de las hierbas, piedras, espíritus o simple imposición de manos, estaban tajantemente prohibidas y en muchos casos perseguidas hasta la muerte, a la vez que toleradas pues eran parte de las pequeñas licencias y herejías de la población ignorante y menesterosa.

Curación por imposición de manos

Para la curación, los cátaros apostaban por la imposición de manos, tal y como lo había hecho Jesús en el pasado para operar "milagros", que no eran otra cosa que el resultado de utilizar la energía de las manos para sanar al doliente, algo que podía hacer cualquier persona aunque no fuera santa, divina ni creyente.

"Para curar hay que saber, y no simplemente creer". Por supuesto que la confianza en el operador, ya fuera la bruja del pueblo, el monje del templo o el médico judío del barrio, era importante, porque el pensamiento es poderoso y la fe mueve montañas, y ayuda sin duda en los procesos de sanación, pero de ahí a que fuera un milagro realizado por un ser supuestamente divino, había mucho trecho.

Entre las sectas heréticas había tanto profetas como sanadores y curanderas, e incluso farsantes que se aprovechaban de la buena fe y de la ingenua ignorancia de la gente, con copiosas ganancias por sus servicios, pero también los había en las más serias órdenes monásticas del seno de la Iglesia, y atacar a los herejes por motivos de curación, falsa o real, no era una tarea fácil, pero finalmente, y tras largas etapas de tolerancia, a muchos se les perseguía, encarcelaba y hasta ejecutaba por andar imponiendo las manos para sanar un dolor de muelas o curar las emociones e intemperancias de las almas.

Dios disponía, no los médicos oficiales o charlatanes, por lo que aquel que debía enfermar, enfermaba, y quién había de morir, moría, porque solo contaba la voluntad de Dios, dueño del destino y de la vida, que daba y quitaba la existencia cuando Él quería. Por tanto, todos aquellos que practicaban la curación o la sanación sin tener el título visado por Dios, eran claros herejes y reos de condenación física y eterna.

LA HEREJÍA SE HACE POPULAR

Pensar o creer en otra cosa que no fuera lo impuesto por la Santa Sede, se fue haciendo cada vez más habitual en la Europa Medieval, tanto, que en el año 1049 tuvo lugar un concilio en Reims, bajo la presidencia del papa León IX, donde se alertó de que nuevos grupos herejes, o incluso personas herejes a nivel simplemente familiar o individual, aparecían por toda Francia como una epidemia de malos pensamientos y rebeldía ante la Sagrada Iglesia.

"Mientras el pueblo sufre, el monje bebe"

La gente estaba algo cansada de los abusos de la Iglesia, aunque para la Santa Sede, lógicamente, Satanás debía estar detrás de esta epidemia, pues se metía en la mente y el alma de la buena gente para hacerla dudar de la verdadera creencia, la que era, según la propia Iglesia, la suya y no la ajena, con tan mala suerte en aquella época, que hasta el campesino más asilvestrado comenzaba a dudar de ella y escuchaba a los herejes trashumantes que hablaban de nuevas ideas sobre Dios, Jesús y la vida eterna.

La herejía se puso de moda incluso entre las órdenes religiosas militares, como los dominicos y los templarios, que empezaron a dudar de la espiritualidad o bondad de sus acciones, en una toma de consciencia sin precedentes en la historia humana que quizá no se vuelva a dar nunca a nivel popular, porque en los círculos intelectuales siempre se ha dado, poco y a veces subrepticiamente, pero raras veces de una forma abierta y valiente, como sí fue por parte de los pueblos medievales en general, y en sectas heréticas como la de los cátaros en particular.

LA AMENAZA DE LA EXCOMUNIÓN

En 1095 tuvo lugar otro concilio en Toulouse, presidido por el papa Víctor II, donde se amenazó con la excomunión a los herejes y a los que les prestaran oídos o asistieran a sus ritos.

La excomunión es una pena que consiste en excluir a un miembro de una comunidad religiosa o en restringir algunos de sus derechos dentro de ella, y puede ser transitoria o definitiva.

En el catolicismo, la excomunión es una pena impuesta por la ley canónica a un católico que comete un pecado grave, como el darse el lujo de pensar por sí mismo y cuestionar el funcionamiento o las creencias impuestas por la Iglesia, la herejía; y también puede ser transitoria o definitiva, con el agravante de que no solo echa al creyente del grupo religioso, sino que lo condena a la muerte social, física y evangélica, es decir, que pierde la posibilidad de la salvación y de la vida eterna para siempre jamás.

La amenaza cundía en las almas, tanto, que hasta las bibliotecas la utilizaban para impedir, en la medida de lo posible, que alguien se robara un libro, aunque se le perdonaba si lo regresaba.

No poca gente temía de verdad perder la posibilidad de salvarse y ser eterna por culpa de una excomunión definitiva, y así dejar de gozar del cielo prometido, y a pesar de los errores y maldades de la Iglesia y sus representantes, curas, monjas, monjes y similares, incluido el Santo Papa, preferían seguir creyendo y así asegurarse un lugar cerca del Paraíso Celestial.

El infierno, prometido también a los herejes, era menos temido que la excomunión definitiva, porque representaba el exilio del alma y la condena a perderse en la nada, en el no ser para siempre jamás. Caer en el infierno era, por lo menos, garantía de continuidad existencial en lugar de desaparecer sin más y perderse en la nada.

VEGETARIANOS

Ser vegetariano o pretender respetar la vida de los animales, también parecía un atentado hereje contra la Iglesia, tanto, que en el 1052, en Goslar, el emperador Enrique III condenó a la horca a herejes de Lorena por negarse a matar animales, y por supuesto, a comérselos.

Algunos ermitaños herejes creían que el simple acto de comer era un asco y mal diseño o despropósito de la Naturaleza, por lo que no solo respetaban la vida animal, sino la vida de las plantas, los hongos y los insectos, practicando largas jornadas de ayuno y bebiendo solamente algunos sorbos de agua.

En la India milenaria, ese tipo de conductas fue practicada por muchos santones y transmitida de generación en generación sin que a nadie le molestara que las vacas fueran sagradas; pero en la Europa Medieval, en la que se pasaron varias pestes, hambrunas y desgracias alimentarias, el negarse a comer carne era toda una novedad, a menudo absurda porque muchas veces la carne era muy escasa y el pueblo llano apenas tenía acceso a ella, pues la poca que había, proveniente de la caza o de la granja, estaba reservada para los señores feudales y patriarcas.

Muchos eran vegetarianos a fuerza, así que serlo por convicción propia y renegando de la caza y de la pesca, era una verdadera contradicción provocada seguramente por un demonio burlón que empujaba a la herejía, y había que castigarlo de la manera más dura posible.

En algunas comunidades de montaña y durante los inviernos más gélidos, llegaron a comerse a los niños y a los abuelos, aunque el canibalismo no estaba especialmente perseguido ni penado, ni considerado un acto hereje o satánico.

El ayuno cíclico y la mortificación del cuerpo sí eran habituales entre más de una orden religiosa, y se practicaba en conventos y monasterios para depurar el organismo y el alma, pero el vegetarianismo era una cosa rara, y tal vez diabólica.

La acción directa

En el raro ambiente de las cruzadas, muchas parroquias y templos católicos quedaron casi abandonadas por las autoridades, con algunos de sus prelados sin más directriz que sus propias creencias ni más órdenes superiores que las propias, cometieron verdaderos desmanes en sus propios templos, unos por exceso de espiritualidad, y otros por defecto.

Los espirituales, como lo pudo haber sido san Francisco de Asís, a veces causaban más problemas que los promiscuos, ya que alejaban a los fieles de sus tradiciones y creencias, mientras que los promiscuos pecaban solo en cosas banales y veniales, pero mantenían los ritos habituales de la Santa Madre Iglesia. Pecadores, sí, pero firmes y fieles creyentes.

Pierre de Bruis, un cura preeminente del catolicismo del Languedoc, un buen día se puso a predicar contra el bautismo, los lugares de culto y la eucaristía, señalándolas de patrañas pergeñadas por la Iglesia.

No contento con los sermones y prédicas heréticas en su propia parroquia, junto a sus discípulos se dedicó a profanar otros templos e iglesias, derribando altares, quemando cruces, incendiando iglesias y destruyendo figuras y ornamentos, para luego lanzar sus proclamas revolucionarias.

De la quema de iglesias a la quema de herejes

Agredían físicamente a los sacerdotes que se les enfrentaban, y rebautizaban a la gente para sacarles del alma el bautizo católico.

Por supuesto, Pierre de Bruis fue prendido, torturado y quemado casi enfrente de la abadía de Saint-Gilles, para solaz esparcimiento del público en general, y tranquilidad para el obispado.

No se sabe si Pierre de Bruis se había convertido al catarismo o cualquier otra secta herética de la época, o si simplemente había perdido la razón entre tanta mentira espiritual y aburrimiento.

Uno de sus seguidores, Enrique de Lausana, un monje que había colgado sus hábitos para sumarse a las enseñanzas de Pierre de Bruis en el 1135, se dedicó a predicar herejías a lo largo y ancho de Occitania, y por lo menos hasta el año 1145 lo siguió haciendo por Toulouse y Albi, por lo que algunos lo consideran uno de los fundaros del catarismo, porque a partir de esa fecha desapareció del mapa sin que se tuvieran constancia de arresto o ejecución.

Por esas fechas, en el año 1144, muy lejos del Languedoc, propiamente en Colonia, fueron quemados unos herejes que afirmaban que pertenecían a una Iglesia oculta desde tiempos de los apóstoles, y que pronto se manifestaría ante el mundo para instaurar la verdad y la pureza. ¿La Iglesia cátara? No se sabe, pues se llevaron el secreto a la hoguera.

Franciscanos, casi cátaros

Hay que señalar que no todos los grupos o grupúsculos de herejes eran perseguidos, atrapados, encerrados, torturados y finalmente desmembrados o quemados en la hoguera para purificar su alma, pues algunos de ellos fueron tolerados y hasta sumados a diferentes parroquias, donde se les permitía hablar al pueblo con sus sermones desvelados, antes o después de haber asistido a misa, como si se tratara de cualquier otro espectáculo que sacaba a la gente de su rutina y de su aburrimiento.

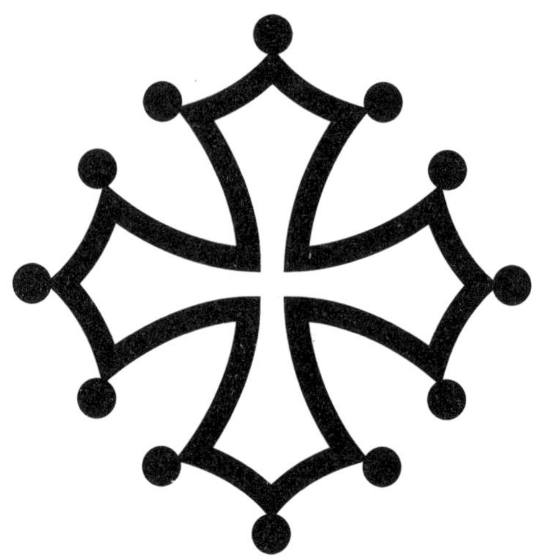

Cruz cátara, asociada a la Orden Franciscana

Por las fechas, siglo XII, los últimos cátaros bien pudieron sumarse a la orden de los franciscanos, e incluso haber conocido a san Francisco de Asís en persona, que no fundó el catarismo, sino que pudo haber sido uno de ellos, que siguió pregonando la pobreza material y la riqueza espiritual, la castidad y la renuncia al mundo, así como el buscar el camino de la perfección y la pureza, siguiendo los olvidados pasos de Cristo con ayuno, castidad y, sobre todo, pobreza y renuncia a los bienes y comodidades materiales, pero sin oponerse directamente a la Iglesia, a diferencia de otras órdenes religiosas, oficiales o no.

Los franciscanos durante un buen tiempo fueron considerados ilusos, locos, ingenuos, una secta casi herética, pero tolerados hasta que su grupo fue aceptado como orden religiosa dentro de la Iglesia católica, apostólica y romana el 24 de febrero del 1209.

Supuestos documentos cátaros

Algunos de estos documentos, si no todos, no cuentan con una validez o reconocimiento oficial, pero existen y algunos de ellos hasta se pueden consultar:

– Biblia cátara: se conserva un ejemplar en Lyon y es de principios del siglo XIII. Está escrita en occitano y solo contiene el texto del Nuevo Testamento. Lo curioso es que el Nuevo Testamento, supuestamente cátaro, es idéntico al Nuevo Testamento católico, sin ningún apunte ni crítica al margen.

– Ritual de Lyon: se encuentra en la biblioteca de la Academia de las Ciencias, Bellas Letras y Artes de Lyon. Está escrito en occitano y es muy parecido a los rituales católicos de la época. Quizá pertenezca más a los Pobres de Lyon que a los cátaros propiamente dichos.

– Ritual de Florencia: se encuentra en la Biblioteca Nacional Central de Florencia y está escrito en latín, y también es muy parecido a los rituales católicos, pero en cierta manera en contra de los judíos y los mahometanos, según algunos estudiosos, por sus referencias porcinas.

– Ritual de Dublín: tratado occitano conservado en la biblioteca del Trinity College. Contiene una catequesis para comprender y conocer esta Iglesia y un comentario de la oración Padre Nuestro, tratando de mejorar las interpretaciones que se tienen del rezo, con un catarismo influenciado por la cultura sajona, más que por la tradicional cultura francesa, con referencias a la reencarnación o a la trasmigración de las almas.

– Tratado cátaro anónimo: se encuentra recogido en el *Libro contra los maniqueos* atribuido a Durán de Huesca, y, en lugar de ser crítico con la Iglesia, como sería de esperar, es crítico con otras tendencias heréticas, orientales o exóticas en lo que a la lucha del bien contra el mal se refiere.

– Libro de los dos principios: puede tratarse de una exposición doctrinal realizada a partir de la obra de Giovanni di Luglio. Se habla de la existencia de los dos principios que mueven a la humanidad, el bien y el mal, y de dos Creaciones, una invisible, buena y eterna, hecha por un Dios Verdadero, y otra visible, material, que es sucia, torpe, engañosa y pasajera, realizada por un Dios falso o satánico, por lo que quizá sea un texto realmente cercano a los cátaros.

– La Cena Secreta, o *Interrogatio Iohannis*: apócrifo de origen búlgaro. Tiene un diálogo imaginario sobre el apóstol Juan y Jesús acerca del dualismo del bien y del mal, sobre la caída de los Ángeles, la supuesta Creación del mundo y del hombre, y, especialmente en lo que se refiere a la misión de Jesús en la Tierra, así como sobre otros temas cercanos a los paulicianos y a los Bbgomilos, que también abundaron en el pensamiento cátaro del Languedoc.

– Ascensión de Isaías: texto apócrifo del siglo II que posiblemente influyó en la cristología de los cátaros, pues cuentan que cuando el profeta Isaías llegó al séptimo cielo descubrió que Jesús sí es Hijo de Dios, pero uno de tantos, es decir, no es un espíritu elevado ni su Unigénito, sino uno diferente e inferior, por lo que destruye la idea clásica de la Santísima Trinidad, porque Jesús no sería en realidad un ser humano, sino un espíritu que descendió bajo la apariencia de un ángel, de cielo en cielo, hasta que por fin llega a la tierra bajo una apariencia humana, sin más misión que experimentar la existencia material y buscar de nuevo la ascensión.

En resumen, que no se sabe muy bien de dónde surgieron específicamente los cátaros, pues hubo varias sectas y órdenes religiosas que se les parecen mucho, tanto en sus prédicas como en su comportamiento y en su rebeldía ante el Papa y las enseñanzas (y excesos) de la Santa Madre Iglesia, pero los albigenses del Languedoc, que se llamaban a sí mismos simples "hombres y mujeres de bondad", son los más cercanos a los Cátaros que conocemos hoy en día, y que fueron tolerados y hasta aceptados por la Iglesia que les cedió cinco diócesis para que impartieran sus enseñanzas lo más apegados al catolicismo posible, pero que al final, como muchas otras órdenes y sectas religiosas, militares o civiles, fueron perseguidas, atormentadas y ejecutadas, hasta desaparecer por completo en las cruzadas Internas de Inocencio III y Gregorio VII, como los mismos templarios, contemporáneos de los cátaros.

Mítica y legendariamente pudieron haber descendido de los mismos cielos, como Jesús, pero en la dura, pasajera y malvada realidad su verdadero origen es incierto.

IV
¿Dios o Satán?

El pobre Dios
hace su lucha,
pero observando
lo que pasa en el mundo,
es obvio que Satanás
va ganando la guerra.

Una de las preguntas que se han hecho los hombres desde que las religiones oficiales existen es si Dios, o los dioses, existen realmente, y si existen, quiénes y cómo son.

Desde el dualismo cátaro, basado en las propuestas maniqueas persas, se preguntaban: ¿son buenos?, ¿son malos?

Porque un dios malo no podía ser el verdadero Dios, lo mismo que un verdadero cristiano no podía ser rico.

Para lo cátaros no podía haber una fusión entre el bien y el mal, porque eran y debían se eternamente antagónicos, con la desgracia de que en la Tierra la guerra entre el bien y el mal parecía haberla ganado Satanás.

¿El Dios de la Biblia es el Ángel Caído?

Dios, para ser Dios, tenía que ser perfecto, lo mismo que sus obras, y por lo visto nada, o casi nada de este mundo era perfecto.

Si Dios es un ser supremo, omnipotente, omnipresente y omnisciente, creador del universo entero, como puede tener tantos fallos.

La madre Naturaleza, por ejemplo, puede ser una divinidad. Sin embargo, para los cátaros pensaban que además de ser hermosa, también era cruel y caótica en muchos aspectos, y hasta sucia y cruel, materia al fin y al cabo, y seguramente creación o creadora de Satán, no de Dios.

El ser humano estaba hecho a imagen y semejanza de un ser sobrenatural, pero ese ser no podía ser Dios, porque los seres humanos estaban llenos de defectos en mente, cuerpo y hasta alma.

En la Tierra no había casi ninguna alma pura, limpia, hermosa y espiritualmente ideal y perfecta, aunque algunos seres humanos, como los cátaros perfectos y elevados, lo intentaban con todas sus fuerzas.

Por tanto, los seres humanos debían ser la creación de un ser pérfido, promiscuo, envidioso, traicionero, vengativo, orgulloso, codicioso, malvado y asesino, por eso la gran mayoría de los seres humanos así eran, lo peor de lo peor.

Cristo mismo, como hemos visto antes y veremos después, si fue humano no podía ser perfecto, aunque lo intentaba día a día; y si fue perfecto, no fue humano, sino un alma, un espíritu que bajó a la Tierra para contemplarla y poner ejemplo con su propia vida. Ese había sido su sacrificio, y no el morir para salvar a la pérfida raza humana.

El Dios de la Biblia les parecía terrible por ladrón, embustero y tirano, que mandaba al pueblo de Israel a la muerte, la guerra, el robo y el oprobio de sus vecinos. Tal Dios no podía ser realmente un ser divino perfecto y elevado, sino un malvado y cruel demonio que se burlaba hasta de sus fieles seguidores y los lanzaba al abismo mientras se reía de ellos por crédulos.

Por tanto, si había una divinidad en este planeta, no podía ser el que aparecía en los textos sagrados de las religiones judeocristianas como el catolicismo, el judaísmo y el islamismo.

Junto con los gnósticos de principios del Imperio romano, los cátaros abrían la puerta a otras concepciones de la divinidad:

Una presencia.

Una sensación mística.

Una epifanía.

Algo inconcebible.

Un espíritu ideal sin forma humana.

Una energía.

Algo intocable e incognoscible.

Una esencia más que un creador y más que una inteligencia.

Una luz dentro de la conciencia y de la consciencia.

Una especie de inspiración divina y seductora.

Un ser que observa, pero que no hace milagros ni puede actuar con seres tan torpes, ignorantes e imperfectos como los seres humanos.

Dios podía ser, pero no estar, porque no había nada en el mundo material que pudiera sustentarlo o representarlo.

Tampoco podía ser único y solo uno, porque la existencia de Satanás como su contraparte indicaba que por lo menos eran dos, aunque podía haber más, muchos más, aunque tampoco perfectos, como el Tutatis de los celtas o el Shiva de los hindúes; o muchos más, como Zeus y Júpiter (Zeus Padre) o el emperador de Jade y sus respectivas cortes celestiales; demasiados dioses para que hubiera uno solo y verdadero.

Ahura Mazda estaba más cerca de dicha perfección, pero tampoco era perfecto, no del todo, porque tampoco había podido vencer a las fuerzas del mal y la materia.

Nada que tuviera que ver con la materia y las miserias de la humanidad podía ser un dios verdadero, pero sí podía ser un ser abyecto y diabólico, porque solo a un ser así podía atribuírsele crear al cuerpo humano.

El maldito cuerpo humano

¿Por qué tiene que estar atrapada el alma en un cuerpo humano?

Para los cátaros, como para algunos santones de la India, el cuerpo humano era sucio, pecaminoso y maldito, pues sus funciones fisiológicas eran del todo sucias y execrables.

Comer era una verdadera barbaridad, incluso si se renunciaba a la carne, porque tras comer venía el acto de defecar.

Beber también era un apetito malsano que devenía en orina.

Respirar parecía menos pecaminoso además de indispensable, pero podía provocar asco o placer dependiendo de lo que se oliera o se respirara.

Los cátaros habían sido acusados de "olerle el trasero a los gatos", en lugar de matarlos, por ser considerados animales diabólicos propios de magos y de brujas, y no de gente creyente y decente. Los cátaros sí tenían gatos como animales de compañía, pero apenas los tocaban. Admiraban su hostilidad y desapego, como si fueran seres libres ante unos humanos que, comparados con los animales, los insectos y las plantas, podían tomarse como dioses, aunque, obviamente no lo eran.

Los gatos, maldecidos en el Medievo

Los gatos, además de guardar el templo, proteger los granos en las bodegas y alejar serpientes, ratas y alimañas, eran especialmente limpios, se lamían constantemente, influyendo positivamente en la higiene y salud de sus cófrades.

Volviendo a las funciones fisiológicas, los cátaros despreciaban a su propio cuerpo que siempre tenía hambre, sed, sueño o deseos de fornicar.

Dormir no eran tan malo después de todo, pero podía animar a la pereza, la desidia y el incumplimiento de las responsabilidades, pero el deseo de fornicar era de lo más terrible, a veces irrefrenable, requería de un gran control propio y una fuerte y constante disciplina.

El cuerpo humano podía ser complejo, lo mismo que su mente y su alma, pero para nada limpio, puro y perfecto.

Los cátaros veían en el cuerpo humano un cúmulo de imperfecciones, que la Iglesia quería tapar prohibiendo su estudio. A Miquel Servet lo ejecutaron por estudiar la circulación de la sangre en pleno Renacimiento, continuando la Iglesia católica con la tradición de asesinar a cualquiera que se saliera de la norma, pues al hacerlo era tan hereje como un cátaro cualquiera.

Ramón Llull, un par de siglos antes, se salvó de la misma suerte pues fingió magistralmente dedicarse a la conversión de los moros en cristianos, escondiendo así su afición a pensar libremente, si bien siempre fue sospechoso por hablar occitano, la lengua cátara, convirtiéndola en el catalán escrito.

Los cátaros del Languedoc no sabían fingir, o no estaban dispuestos a hacerlo, y pagaron muy cara su rebeldía herética.

El error de la sexualidad

Tener relaciones sexuales con otro ser, persona o cosa, era de lo más deleznable para los cátaros, pero también eran conscientes de que no siempre se podía evitar, porque el cuerpo era fuerte, poderoso y traicionero, podía acabar con una vida de virtud en una sola noche durante el sueño, haciendo que la persona pecara estando dormida y sin poder evitarlo de ninguna manera, ya fuera por la inducción satánica de íncubos o de súcubos, o por la simple naturaleza mal diseñada por un demonio o un dios de lo más torpe.

La reproducción sexual, un mal diseño de los demonios o de los dioses

La menstruación, la procreación, el embarazo, la concepción y el dar a luz, era para los cátaros, además de un pésimo diseño de la naturaleza, una desagradable y verdadera asquerosidad, que se podían haber ahorrado dioses y demonios, porque hacía de hombres y mujeres verdaderos animales sin la menor conciencia y una total ausencia de consciencia.

La conformación de una pareja, o matrimonio, no era la mejor solución para la sexualidad libre en donde las madres dominaban a su prole y hacían de ella grupo o familia, ni siquiera si se le revestía de amor, compromiso o fidelidad, porque esos eran falsos y engañosos conceptos, ya que el sexo y el amor verdadero no tenían nada en común.

El sexo era execrable en todos los sentidos y en todas las formas, una parte animal y deleznable de los mal creados seres humanos, seguramente por Satanás.

"Ama a tu prójimo como a ti mismo", pero para amarlo no necesitas sodomizarlo ni tener hijos o cosas por el estilo.

El celibato y la asexualidad podían ayudar a prescindir de esas sucias funciones del cuerpo, pero no había garantía ni seguridad contra el accidente o la caída, aunque momentánea, en la promiscuidad.

Para los cátaros, el sexo eran un error a todas luces que impedía la liberación del espíritu para que alcanzara la perfección.

LOS ÁNGELES

Los ángeles no tenían mejor consideración para los cátaros, pues eran tan pecadores como los hombres, más poderosos, sí, e incluso inmortales, pero nada puros y mucho menos perfectos o divinos.

Los famosos ángeles custodios, que debían velar por el bien de la humanidad, se dedicaron a cortejar humanas y a tener relaciones sexuales con ellas, cayendo incluso en el pérfido matrimonio, un concepto que a los cátaros no gustaba nada, para tener como hijos a verdaderos monstruos, entre ellos a los gigantescos nefilim, seres malvados y grotescos, o a otras criaturas peores, como los que tuvieron los titanes al cruzarse con humanas o diosas.

Los hijos de los titanes, verdaderos monstruos

La lógica cátara identificaba fácilmente a la religión católica como un sucedáneo de la religión romana, que a su vez era un sucedáneo de la mitología griega, por lo que los titanes eran similares a los ángeles custodios, y, obviamente, eran sucios y agresivos, por lo que no podían ser almas puras ni creados por una divinidad realmente elevada.

Ciencias, artes e intelectualidad

Los cátaros, a simple vista, no parecen haber sido una secta especialmente docta o intelectual, sino introspectiva y espiritual, que buscaba la pureza y la perfección a través de los actos cotidianos y el comportamiento comunitario, más que de la epifanía, la inspiración o el conocimiento.

Sin embargo, y debido a su formación teológica católica, conocían perfectamente a Platón (del cual toma el ideal divino muy por encima del Divino Celestial que regía la Tierra, y por tanto era defectuoso e impuro), sin olvidar a Aristóteles y la escolástica, e incluso a Epicteto (que no podía aceptar a un Zeus promiscuo y narcisista, porque para ser el dios de dioses tenía que ser amable y bueno), Séneca y Marco Aurelio, como su comportamiento estoico lo certificaba.

Para los cátaros, Dios no era sabiduría humana, pues todo lo que el ser humano conocía, sabía, creaba, inventaba o imaginaba era imperfecto, y el verdadero Dios era más que perfecto, con una perfección que los humanos no somos capaces de entender o concebir.

En el pensamiento cátaro:

– Dios Verdadero y Espíritu Santo no tiene nombre.

– Dios Verdadero y Espíritu Santo no tiene elegidos.

– Dios Verdadero y Espíritu Santo es universal y el bien para todos y cada uno de los seres humanos.

– Dios Verdadero y Espíritu Santo no tiene religión.

– Dios Verdadero y Espíritu Santo no pertenece a nada ni a nadie.

– Dios Verdadero y Espíritu Santo no es de un país específico, porque es cósmico.

– Dios Verdadero y Espíritu Santo no beneficia a unos y perjudica a otros.

– Dios Verdadero y Espíritu Santo no da poder a nadie.

– Dios Verdadero y Espíritu Santo es eterno e inconmovible.

– Dios Verdadero y Espíritu Santo no es astucia ni audacia.

– Dios Verdadero y Espíritu Santo no es una emoción o un sentimiento.

– Dios Verdadero y Espíritu Santo no es venganza ni prevalencia.

– Dios Verdadero y Espíritu Santo es inmanente y eterno, mientras que el Dios de la Tierra es pasajero.

– Ningún dios de la Tierra puede equipararsele ni parecérsele remotamente.

– Dios Verdadero y Espíritu Santo no tiene hijos hechos carne ni mesías ni intermediarios, mas todos son sus hijos.

– Cristo es el camino por su esfuerzo para ser perfecto en este mundo, no por su supuesta divinidad, pues no es el Unigénito Hijo del Dios Verdadero y Espíritu Santo.

– Dios Verdadero y Espíritu Santo no es intelectualidad, sino ideal y perfecto.

– Dios Verdadero y Espíritu Santo no es el creador de la Tierra o del hombre, sino la esencia ideal del Universo.

– El dios que conocemos o que creemos conocer, es un ser que lucha contra su propia némesis: Satanás.

– El Dios de la Tierra no lo sabe todo, no lo ve todo, no lo entiende todo ni está en todas partes al mismo tiempo.

– El Dios de la Tierra no es puro ni recto, sino esquivo y malvado.

– El Dios de la Tierra es conflicto y venganza.

– El Dios de la Tierra solo quiere ser seguido y adorado por los ciegos, violentos o sumisos fanáticos.

En resumen, el dios más cercano al Dios Verdadero conceptualizado por los cátaros, sería el Espíritu Santo, nadie más, porque el Dios adorado y seguido por los humanos bien podría ser Satanás, el mismísimo Diablo.

Satanás

No importa el nombre que se le dé, Satanás es la propia encarnación del mal para el pensamiento cátaro, que está presente en todos y cada uno de los momentos de la vida, pues su lucha contra el bien es constante y continua.

El lascivo amor de Satanás

Para el pensamiento humano, Satanás es ambivalente, como el Dios Abraxas, tan bueno y amoroso, como malvado y ruin, por lo que no dudaban en señalar que el dios del catolicismo era a la vez Jehová y Satanás, Satanás y Jehová al mismo tiempo, un ser esquizofrénico con dos personalidades opuesta en eterna lucha para prevalecer sobre la Tierra.

Todas las épocas de la humanidad han sido convulsas para quienes las han vivido.

Las etapas de paz, amor y armonía han sido breves y puntuales, con algunas de ellas erigidas a través de la violencia, la conquista o el sometimiento de unos muchos bajo el poder y maldad de unos pocos.

No hay época en la humanidad sin guerra, traiciones, venganzas, asesinatos, vejaciones, estupro o vituperio, pues en todas ellas el mal ha hecho fortuna.

Hay quien, en su infinita ignorancia, hace el mal creyendo que hace el bien, y se lo cree de verdad cuando le dice al otro:

"Lo hago por tu bien".

"Me va a doler más a mí que a ti".

"Te humillo y te castigo para que seas mejor".

"Te despojo de tus riquezas porque tú no sabes qué hacer con ellas".

"No te pago lo debido porque no sabrías qué hacer con tanto dinero".

Sí, Satanás es como la vida misma, dual, narcisista, jerárquico, convenenciero y malicioso, que incita a los hombres a hacer el mal haciéndoles creer que hacen el bien tanto para ellos como para los otros, incluso si los asesinan.

"Te mato de una vez para que dejes de sufrir la tortura y el tormento que te he infligido", decía la Santa Inquisición antes de rematar en la hoguera al reo, o "te quemo en la hoguera por el bien de tu alma que así se separa de tu cuerpo".

El ser humano, como todo lo material, vive en una constante contradicción, haciendo a veces el bien, pero generalmente actuando a favor del mal, incluso sin darse cuenta o justificando sus actos, por venganza, revancha o competencia, cuando en realidad actúa por pura ambición, codicia, conveniencia, hurto o abuso de poder.

Las convicciones humanas a menudo parecen buenas, pero en realidad son malas, nacidas del orgullo y la prepotencia, o fingiendo defender a un dios o a unas creencias, e incluso simple y llanamente a un estilo de vida que corresponde simple y llanamente a su entorno, posición económica y social, o a su cultura.

Satanás no descansa ni con los infantes, que en su crueldad innata cometen todos los pecados habidos y por haber de la infancia.

Satanás se aprovecha de que tanto la mujer como el hombre son malos por naturaleza: imperfectos, lascivos, egoístas, violentos, falsarios, mentirosos, ladrones, abusivos, tendenciosos, salvajes, cobardes, rastreros y animales, con algunas breves y pequeñas virtudes, mucha hipocresía, cobardía y ladinismo, y uno que otro destello de espiritualidad.

El ser humano no se deja llevar por su espiritualidad, porque ni siquiera sabe lo que eso significa, sino por sus emociones, y confunde un momento de éxtasis con lo que cree que es el espíritu.

Beber, fumar, drogarse, rezar, entrar en trance en un ritual puede dar la sensación de que el cuerpo se desdobla y entra en otra dimensión, cuando no es más que una proyección de los males de la materialidad, emoción pura, alma de animal si nada de verdadera elevación o espiritualidad.

Satanás, para los cátaros, es la fiel imagen del Dios de los católicos y de los hombres y las mujeres que habitan este mundo.

"¿Quieres conocer a Satanás? ¡Pues mírate en el espejo! Y pregúntate qué has hecho hoy, que has pensado y que has sentido, y, si eres sincero, te darás cuenta de que llevas a Satanás dentro".

No hace falta una posesión diabólica dramática e histriónica para llevar a Satanás, o al Dios de los católicos, para llevar el mal dentro de nosotros, pues el mal nos posee prácticamente todos los días y en todos los instantes de la vida, con algunas breves pausas a las que llamamos paz y alegría, e incluso "amor", sobre todo cuando estamos embrutecidos por el alcohol o similares, pero que pronto se van y se desvanecen entre las sombras pútridas del mal.

Sí, para los cátaros lo que creemos que es dios, dioses, avatares, ángeles, devas o similares, es ni más ni menos que Satanás, el Rey del Mundo y de los seres humanos, incluidos la naturaleza y los animales, que ha triunfado sobre su contraparte de bondad, haciendo de este mundo un continuo y doloroso pecado.

– Satanás sí tiene elegidos a los que da placeres, poder, fama y fortuna.

– Satanás es celoso y vengativo.

– Satanás es tiránico y odia la libre acción y el libre pensamiento.

– Satanás marca las vidas y sus agendas, pues dice en qué pensar, qué hacer y qué creer todos los día de tu existencia.

– Satanás es odio y vanidad.

– Satanás es sexo y mentira.

– Satanás es exceso y abuso.

– Satanás es emociones descontroladas o fingidas.

– Satanás es traición e hipocresía.

– Satanás favorece a la gente mala, a los criminales y a los falsos sacerdotes.

– Satanás castiga y envilece a los humildes y a los menesterosos.

– Satanás inclina hacia el mal y hacia el pecado a las almas puras, para que nadie se salve y todos queden confinados a esta Tierra, que en realidad es su dominio y nuestro infierno.

– Satanás da riqueza a los delincuentes y a los ricos, y hambre y miseria a los pobres.

– Satanás miente y engaña, se disfraza de bondad y amor, pero todo lo pervierte.

– Satanás es mundo, demonio y carne, y los monjes, las monjas, los sacerdotes, los obispos y el mismo Papa son sus vicarios en la Tierra.

– Satanás es dolor, guerra, odio, venganza, rencor y sangre, la negación del espíritu y el brebaje del fanático que le emula, mata y hiere.

– Satanás es falsa promesa de redención, y su Edén es el infierno mismo en esta Tierra.

En suma, Satanás, para el pensamiento cátaro, era la viva imagen y semejanza del ser humano y del Dios de la Biblia.

La bondad da satisfacciones, sin duda alguna. Pero la maldad es adictiva, nos llena de adrenalina y hasta de excitación sexual, nos hace sentirnos eternos y poderosos, trasgresores e impunes, como a cualquier Papa, gobernante, rico o poderoso, por lo que cualquier paria o menesteroso, cuando se le da un poco de autoridad o de lo que él cree que es riqueza, se vuelve completamente tiránico, estulto o loco. ¡Palabra de Satanás!

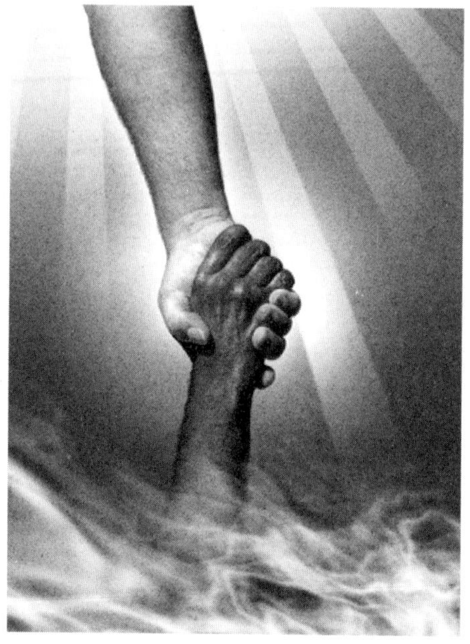

Salvando a las almas del dominio de Satanás

Renunciar a todo eso siguiendo los pasos de la figura de Cristo hacia la perfección no es nada fácil ni en una sola vida ni en mil, por lo que la mayoría de la humanidad, según el pensamiento cátaro, continuará casi eternamente presa en la ilusión de la satánica materia.

EL INFIERNO CÁTARO

Aunque el San Agustín del siglo VI de nuestra era concibió un infierno como castigo para los pecadores y los malvados, o para los que no creían en Dios; y a pesar de que la *Divina Comedia* fue publicada en el 1321 con un infierno muy burocrático y definido, la Iglesia no lo anota como dogma (oficial, real, cierto e incontestable) hasta el siglo XV, los cátaros pensaban y creían que el infierno no estaba bajo tierra ni pleno de flamas con castigos inenarrables para los pecadores, sino que estaba "aquí y ahora", en el mundo actual, real y siempre presente desde que fue creado y habitado por los defectuosos cuerpos de los animales y de los seres humanos.

El mundo era el peor de los infiernos posibles, y el deber de la humanidad era salvarse escapando de las garras y los engaños de Satanás.

Las almas estaban atrapadas en los cuerpos que deseaban, padecían hambre y sed, excretaban, dolían, enfermaban y se reproducían sexualmente.

Los cuerpos estaban atrapados en sus pensamientos y creencias.

Las creencias estaban atrapadas en las emociones, las sensaciones y los sentimientos.

Los sentimientos estaban atrapados en las obsesiones, necios en pretender ser reales y ciertos.

Y las acciones estaban atrapadas en el orgullo, la codicia, los excesos, la envidia, los celos, la ira y la guerra, dispuestas a eliminar al hermano, al extranjero o al contrario.

No había peor infierno que la vida en este mundo sucio, incierto, mortal y violento, por lo que salir de él para volver al "hogar de los cielos" era una obligación de todos y cada uno de los seres humanos.

No hacerlo o ni siquiera intentar la salvación era el verdadero crimen que condenaba a permanecer en este mundo vida tras vida y reencarnación tras reencarnación hasta el final de los tiempos.

V
La regla cátara

La regla cátara es simple:
"Si no es bueno,
no lo hagas;
si no es cierto
o daña a alguien,
no lo digas".

No hay un decálogo o regla específico de los cátaros, tanto porque como "cátaros" se conocen a varias sectas religiosas heréticas, como porque no quedó nada escrito que así lo dijera.

Sus secretos, y documentos teológicos se fueron con ellos en el siglo XIV, o con los masacrados en Bréziers del siglo XIII, pero sí hay una serie de denominadores comunes:

Los diferentes grupos cátaros eran dualistas en su mayoría, pues creían en la existencia real y palpable de dos principios opuestos: el bien y el mal.

Para algunos teólogos cátaros (aunque no se sabe cuáles) ambos principios existían desde el comienzo de la humanidad, o quizá desde antes, pero otros consideraban el principio e inicio del mal como una creación secundaria, producto del deseo maligno de una de las criaturas del Dios ideal, único, cósmico y bueno, que dio lugar al Dios (o dioses) que conocemos, y a Lucifer, su contraparte o el ángel malvado y caído.

Los cátaros sostenían que el Dios de la Biblia no era todopoderoso ni omnisciente ni omnipresente, sino que el mal libraba con él una guerra, y que en esa guerra casi todas las batallas las había ganado el mal.

La lucha del bien contra el mal no era cosa de la actualidad, sino que venía desde antes de lo que conocemos como creación, antes del mundo, antes del hombre.

Según los cátaros, el Dios del Antiguo Testamento era realmente el diablo, o Satanás, que había creado un universo miserable, un mundo imperfecto y un hombre mortal y pecaminoso.

Por tanto, para los cátaros estaba claro que el mundo material no habría sido creado por Dios Verdadero, sino por Satanás.

Y es por eso que Satanás, incapaz de crear verdadera vida, pura y eterna, habría hecho al hombre de barro, y le habría pedido a Dios, su propia parte divina, que insuflase en él un alma que lo animara en este mundo.

Dios, por bondad, negligencia o exceso de confianza, decidió ayudarle y le dio alma y vida al hombre.

En un principio, el alma, confiada, entró en el hombre, pero al ver que era una trampa y una prisión, se negó a quedarse y decidió marcharse del cuerpo humano.

Satanás, al ver que el alma de los humanos quería escapar y volver al mundo espiritual, la pervirtió para que cometiera todo tipo de pecados y así hacerle perder la consciencia, embruteciéndola con vicios, penas, placeres y excesos, y así tenerla cautiva más tiempo, velando la verdad para que no se diera cuenta de que la única manera de liberarse era volver a ser pura, buena y perfecta.

El sexo fue una de las mayores trampas en la que cayeron Adán y Eva, que perdieron su alma pura y tuvieron hijos en este mundo, manchados por sus propios padres y por la naturaleza del cuerpo humana, sufriendo una condena cuasi eterna para ellos y para todos sus descendientes.

Según algunos cátaros, el espíritu divino insuflado por Dios en Adán debía transmitirse de padres a hijos mediante la procreación, pero en esa misma transmisión iba la semilla del pecado, por lo que bien podía ser una trampa.

No todas las almas venían de la procreación, algunas venían de seres que andaban recorriendo el camino de la perfección, es decir, que ya habían vivido anteriormente y muerto, por lo que buscaban nuevos cuerpos en que asentarse y seguir su sendero de liberación.

Otras almas venían directamente del cielo, o de alguno de los cielos, del séptimo cielo, por ejemplo, de donde era el descenso más frecuente, y que el mismo Jesús sería uno de ellos.

Estas almas encarnaban en cuerpos humanos, en materia, pero no provenían en su inmensa mayoría de la reproducción sexual, por lo que serían más limpios y estarían más cerca de la perfección que los humanos comunes y corrientes.

Cuando Lucifer fue expulsado deshonrosamente del cielo, arrastró en su caída a millones de ángeles que pertenecían a sus legiones.

Unos cuentan que siguieron a Lucifer por engaños, seducciones y promesas de poder sobre los hombres; y otros aseguraban que cayeron simplemente por encontrarse en el bando contrario. Estas almas angelicales, en cualquiera de los casos, tomaban forma humana y se mezclaban con las personas, a veces para bien y otras veces para mal, dependiendo de la filiación que tuvieran con Lucifer, su amo y señor.

Alguna de estas almas se destacaron e intentaron

seguir el camino del bien para volver a las habitaciones celestiales, pero otras se hundieron cada vez más y más, arrastrando a un sinnúmero de humanos con ellos.

Los ángeles custodios eran otra reserva de almas que quedaron atrapadas en la Tierra por cohabitar y tener descendencia con las mujeres humanas, y todo ello sin que hayan sido seducidos por Satanás o por Lucifer, sino *motu proprio.*

"Machos y hembras eran los cuerpos que los ángeles custodios tomaron para bajar a la Tierra y tener relaciones amorosas y sexuales con los humanos y con las humanas, no solo machos como se ha dicho siempre para marcar negativamente a las mujeres".

¿De dónde salían tantas almas para los nacimientos humanos?

Según algunos cátaros, el número de almas arrastradas desde el cielo a la Tierra era inagotable, aunque para otros el número de almas celestiales era limitado, y las almas terrenas iban saliendo de los cuerpos después de la muerte para entrar en otros en una especie de renacimiento o reencarnación. "Casi nada de las almas se pierde, porque la mayoría de ellas vuelve constantemente".

La muerte, como la vida, era una ilusión, y alcanzar la perfección y lograr un espíritu ideal no se podía lograr con una sola experiencia vital, por lo que había que renacer, reencarnarse o transmigrar el alma a un nuevo cuerpo hasta encontrar el camino siguiendo los pasos de la liberación de lo material, como lo había hecho Cristo.

Es decir, una sola vida no es suficiente para limpiarse de las miserias humanas y del mundo creado por Satanás, y como no es posible que alcancen la salvación eterna en una sola existencia, y deben lograrla necesariamente para liberarse de ella, se requiere de una o varias reencarnaciones, o transmigración del alma como la de la metempsicosis griega, como la única vía que permite su salvación universal.

Solo el alma de un hombre que llevara una vida justa y buena transmigraría a un cuerpo sano, apto y capaz para continuar con su progreso espiritual; pero un criminal corría el riesgo de renacer en un cuerpo con taras, enfermo, impuro, o en el de un animal o una hierba, en una clara involución que lo hundía en el oprobio cada vez más, como en el budismo, hasta convertirlo en piedra o en nada.

Aunque pocas, algunas sectas de cátaros creían que cada nacimiento hacía descender del cielo, del limbo, del purgatorio, o incluso de una región intermedia entre el cielo y la Tierra, a un alma angelical que por desgracia había sido seducida por Satanás para someterla y pervertirla en este mundo poniéndola al servicio del mal y del pecado.

Estas sectas cátaras consideraban a la procreación como una verdadera crueldad, porque era sucia, lasciva, dolorosa y peligrosa para la mujer, y porque atrapaba a un alma angelical en este mundo malo y canalla.

El alma humana, viniera de donde viniera, caía en desgracia al llegar a esta tierra, y su forma de venir al mundo, la reproducción sexual, no era la mejor manera, ya que implicaba con su sola llegada el destino de la muerte, el sexo sucio de los padres y la contaminación mental y emocional que ocurre al transitar por esta vida.

"Traer un hijo al mundo es condenarlo a toda clase de miserias del cuerpo, la mente y el alma", decían los perfectos, "porque no hay garantía alguna que siga el camino de los seres buenos".

No se podía evitar, aunque había métodos para evitar el contacto físico en el embarazo, como el insertar en la mujer el semen con un dedal, preferentemente de oro y esterilizado, pero lo mejor era evitarlo del todo, porque sin reproducción la pútrida humanidad, con sus ministros y similares, desaparecería con el último anciano Perfecto y todas las almas tendrían la oportunidad de regresar a los cielos.

Mientras naciera una persona más, el pecado y la atadura al mundo material se extendería casi ilimitadamente, lo que sería un impedimento para dejar este mundano lugar.

El amor, el enamoramiento, las relaciones de pareja, el matrimonio y la familia era considerada un encadenamiento emocional, y las emociones, como las creencias falsas o verdaderas, ataban más a este mundo que al próximo, por lo que el amor, en el mejor de los casos, debía ser espiritual y universal, sin ataduras, obligaciones o fijaciones emotivas de ningún tipo.

EL VICIO DEL PODER

El poder secular, tanto como el eclesiástico, era visto como algo negativo y diabólico, porque se sostenían sobre la coacción, la amenaza, la represión y las guerras. Tener poder era tener ambición desmedida, orgullo malsano, codicia, inquina, celos, vanidad, egoísmo, falta de escrúpulos, prepotencia, envidia, ira, miedo, obsesiones, lujuria, excesos de todo tipo y vicios de lo más asquerosos y rastreros, porque el poder eran un feo vicio en sí mismo.

PACIFISMO CÁTARO

Los cátaros jamás fueron una orden religiosa guerrera, no llevaban armas ni se dejaban nunca dominar por la ira o la provocación. No a la violencia en cualquiera de sus formas.

"¡No matarás!", ni a personas ni a animales, pues matar es un crimen, y si el Dios de los católicos mataba era claramente un criminal que en lugar de tener creyentes y locos fanáticos y seguidores incautos o ignorantes, debería estar en una mazmorra celestial por sus fechorías.

Matar o suicidarse eran actos tan malvados como inútiles, porque si algo tenía el ser humano era su propia mortalidad, y apurarla le privaba de tiempo y oportunidades para mejorar espiritualmente y encaminarse a salvar su alma.

El respeto a la vida ajena como símbolo

Aunque fuera de manera accidental o lejana, todos y cada uno de los seres vivos, incluidos los humanos, tenían el soplo divino del Verdadero Dios y Espíritu Santo.

Todos y cada uno de los seres vivos tenían alma.

Incluso las almas creadas por Satanás tenían ese soplo divino, y esa era una de las razones por las que no comían nada que fuera asesinado. Por eso eran vegetarianos.

Se puede decir que más que vegetarianos, eran casi veganos, pues comían animales, sobre todo a los de reproducción sexual, ni ningún producto relacionado con ellos, como la leche, los quesos o los huevos.

Todo animal que se reproducía carnal o sexualmente era impuro para los cátaros, que no sabían nada de la reproducción asexual, por esporas, por bipartición o por fusión, como algunas medusas y bacterias, pero la deseaban y la intuían.

No, no se sabía mucho de biología en la Edad Media, si se hubiera sabido tampoco hubieran comido ciertos insectos, larvas, plantas y flores, cuya reproducción no es directa, pero sí es del todo sexual y algunos de estos seres matan a otros para su supervivencia o para ocupar un territorio; por lo mismo tampoco comerían pescados, a los que ingerían porque eran el símbolo del cristianismo primitivo, ícono cristiano y aparentemente sin sexo directo.

Los símbolos cátaros eran el ictus (el pez), básicamente, y la cruz cátara, un ícono ancestral que nada tenía qué ver con la cruz católica, a la que repudiaban especialmente. Otros símbolos, algunos de ellos posiblemente posteriores y usados en rituales mágicos, quizá fueron símbolos cátaros en algún momento.

Pocos mandamientos

"¡No mentiras!", ni darás falso testimonio ni engañaras a nadie, porque era uno de los más constantes y feos vicios de Satanás.

Nada has de tener, porque nada has de robar, desear o ambicionar, porque tu única aspiración es salvar tu alma.

"No jurarás en vano ni levantarás la voz para ofender a nadie", utiliza con bondad, amabilidad y pureza tus palabras. Si no era para decir y desear el bien, valía más guardar respetuoso silencio. Total, "el necio no aprende ni rectifica por más que grites".

Para los cátaros, la única forma de reunirse algún día con el Dios Verdadero, para ellos el Espíritu Santo, era formar parte de la Iglesia de los hombres y mujeres buenos, la Iglesia cátara, recibiendo la imposición de las manos sobre la nuca de parte de alguno de sus ministros, sobre todo si este ministro era un Perfecto.

Por supuesto, parte de las sectas cátaras eran proselitistas: "Toda alma que desee reunirse de nuevo con el Dios Verdadero, Universal y Espiritual, debe seguir los pasos de Cristo dentro de la regla cátara". Por tanto, ninguna otra religión podía enseñar el camino de la salvación, por mucho que lo prometieran. Algunos cátaros eran críticos con el proselitismo, y decían y afirmaban que ninguna religión, dios o mesías da la salvación, que solo se alcanza por uno mismo luchando día a día y vida tras vida para alcanzar la perfección.

Almas puras y almas satánicas

Casi todas las almas tenían esencia divina del Espíritu Santo, pero también creían que existían muchas almas creadas por Satanás, difíciles de distinguir de las demás incluso para el que la poseía, pues, normalmente, se creía tan humano como los demás, con los mismos defectos y virtudes que el resto, pero lo que era seguro era que nobles, poderosos, criminales, reyes, ministros, y ,sobre todo, jerarcas católicos, eran los más sospechosos de tenerlas o de estar poseídos por ellas.

Las demás almas seguirían reencarnándose y, al final de los tiempos, todas y cada una de ellas, incluso las peores, encontrarían la vía de la salvación, el mundo material desaparecería y las almas de los demonios, sobre todo la del falso dios Satanás, serían destruidas para siempre jamás, quedando solo una felicidad eterna en Dios espiritual, ideal, verdadero y perfecto.

EL *CONSOLAMENTUM* Y EL *MELIORAMENTUM*

Los cátaros consideraban necesario para la salvación un sacramento: el *consolamentum*. Este consistía en que un ministro del culto, que ya había recibido el Espíritu Santo previamente, imponía las manos sobre la persona haciendo descender en él el Espíritu Santo, reconciliando así a la persona con el Espíritu.

Este acto de imposición de manos solía ser muy efectivo, casi alucinatorio, tanto que quien lo recibía se quedaba prendado de la experiencia extática, y sentía de verdad y físicamente que se elevaba su alma en una especie de proyección astral.

El ministro que imponía las manos debía ser considerado limpio y puro, aunque no necesariamente Perfecto, y debido a ello en raras ocasiones el sacramento se consideraba inválido por la falta de pureza del ministro.

Desde el momento en que se recibía el *consolamentum*, la persona debía someterse a todas las reglas y pruebas cátaras para llegar a ser Perfecto y así garantizar la salvación de su alma; pero las reglas y pruebas no eran nada fáciles, por lo que muchos de los consagrados se quedaban como simples ministros aspirantes al no poder o no querer superarlas.

Había aspirantes que recibían el *consolamentum* varias veces en su vida, por haber incurrido en alguna falta o haber visto debilitada su fe en algún momento, lo que les había llevado a perder en parte la esencia el Espíritu Santo; o por intentar de nuevo el camino de la pureza que los hiciera perfectos, pues ya se sentían maduros y dispuestos para superar las reglas y las pruebas necesarias para su elevación.

Para ser Perfecto se debía ser limpio y puro de corazón, cuerpo y pensamiento, con lo que cualquier deseo material, emocional, sexual o de mal para alguien más, impedía avanzar en el camino de la salvación del alma.

Aquellos que habían recibido el *consolamentum* y, finalmente, vivían de acuerdo a la fe cátara eran llamados perfectos, ni padres, monjes, obispos, papas o sacerdotes, sino perfectos.

Para que una persona recibiese el *consolamentum* debía pasar una temporada de uno o dos años en una casa de perfectos.

Después de este plazo los ministros podían considerar que no era digno de recibir el sacramento por no haber perseverado en la fe.

Si se le consideraba digno del sacramento, la persona debía prepararse los días previos mediante ayunos, vigilias y oración, para continuar con el proceso hasta ser considerado realmente perfecto.

¿CÓMO LLEGAR A SER CÁTARO?

Para recibir el sacramento se entraba en una sala, donde se reunían los fieles, decorada únicamente con cirios blancos, símbolo de las llamas del Espíritu Santo que descendieron sobre los apóstoles en Pentecostés.

En esa sala había fieles reunidos y una mesa con ministros del culto (aspirantes a la perfección) o solo perfectos, vestidos con sus hábitos negros, símbolo de sus separación del mundo.

El oficiante se lavaba las manos antes de tocar el texto sagrado, le explicaba al postulante su religión y recitaba el Padre Nuestro comentando cada frase.

El postulante debía repetir las frases del Padre

Nuestro, abjurar de la pérfida Iglesia católica, y pedir tres veces ingresar en esta nueva Iglesia.

Padre Nuestro
que estás en los cielos,
santificado sea tu Nombre;
venga a nosotros tu Reino;
hágase tu voluntad
así en la Tierra
como en el cielo.

Danos hoy el pan nuestro
de cada día;
perdona nuestras deudas
así como nosotros perdonamos
a nuestros deudores;
mas no nos dejes caer
en tentación,
¡y líbranos del mal!
Amén.

Luego debía prometer solemnemente seguir los mandatos de la Santa Iglesia Cátara que lo acoge en su sagrado y puro seno.

A continuación, debía hacer acto de contrición, abrir su mente, desnudar su corazón ante los presentes, y confesar todas sus faltas y pecados anteriores para pedir perdón al mundo, a los ministros y a los demás asistentes, para que acto seguido sea por todos perdonado y absuelto.

Entonces el ministro oficiante pone el texto de la regla (generalmente el Nuevo Testamento) sobre la cabeza del postulante, donde imponen sus manos el ministro oficiante y sus ayudantes, rogando a Dios Verdadero y Espíritu Santo que le reciba y le abra las puertas de la salvación eterna que conseguirá con sus méritos y sus propios pasos.

Los asistentes rezaban con fervor el Padre Nuestro, y el ministro oficiante leía el principio del Evangelio de Juan, y tornaba a recitar sentidamente el Padre Nuestro.

El postulante, que ahora ya puede decir y sentir que ha conseguido acceder al sacramento cátaro, era besado por el ministro oficiante y sus ayudantes.

Entonces el nuevo miembro cátaro besaba a todos y cada uno de los fieles asistentes, que también se besaban entre ellos.

A partir de entonces, el nuevo cátaro, consagrado en el sacramento, se consideraba aspirante a Perfecto, por lo que vestía un hábito negro y dedicaba su vida a la oración, la predicación y las obras de caridad.

El perfecto obispo local, o un ministro aspirante a Perfecto, le designaban al nuevo miembro un compañero (socio), o una compañera (socia), entre los demás perfectos, para que lo guiara en el camino de la liberación y ascenso.

El pueblo, los numerarios cátaros o simples creyentes, llamaba a los ministros perfectos "los buenos hombres" (*bons hommes*).

Había creyentes que no eran perfectos, los aspirantes, que observaban una parte de las normas, como la castidad, el ayuno y la oración, pues no se consideraban preparados, de momento, para cumplir con todos y cada uno de los preceptos cátaros.

La mayoría de los numerarios o simplemente creyentes, se limitaban a asistir al culto y a venerar a los perfectos.

Esta veneración recibía el nombre de *melioramentum* y consistía en inclinarse tres veces ante el perfecto y decirle: "rogad a Dios para que haga de mí un buen cristiano y me conceda una buena muerte". Entonces el buen hombre contestaba: "Dios Verdadero haga de ti un buen cristiano y te conduzca a una buena muerte".

Los cátaros también admitían el *consolamentum in articulo mortis*, por lo que muchos recibían el sacramento únicamente en lecho de muerte, como última oportunidad para elevar el alma y buscar el camino de la salvación en el más allá, o en una nueva vida en este mundo.

Hay que tener en cuenta que no todas las facciones de cátaros eran reglados ni seguían rituales parecidos a los de la religión católica; ni tampoco contaban con iglesias o templos, sino que predicaban de manera trashumante de pueblo en pueblo, y aceptaban a quienes quisieran unírseles en su deambular, renunciando a todo lo que tenían hasta entonces, como casa, esposa, padres, familia, tierras o cualquier otro bien que le atara al mundo, sin más promesa a cambio que elevar su consciencia y espíritu siendo una mujer buena o un hombre bueno.

VI
Cristo, ¿hijo de Dios, hombre o símbolo?

Jesús el Cristo,
bajó a la Tierra
sin nacer,
y subió de nuevo al cielo
sin morir,
siendo el ejemplo
de los hombres justos.

No es fácil en nuestros tiempos definir qué o quién fue uno de los personajes históricos más influyentes en los últimos dos mil años.

En la Edad Media tampoco lo era, y los cátaros tenían sus dudas, entre otras muchas cosas porque no había documentos que validaran su existencia.

No había nadie censado con ese nombre y sus características en la Judea dominada por el Imperio romano, que era muy escrupuloso con el tema del censo, la demografía y la adscripción política, religiosa y económica de cada uno de los censados, por cuestiones de dominio, control y tributos.

Había muchos profetas de templo y de mercado, generalmente pedigüeños y alguno que otro esenio que predicaba contra Roma, pero ninguno que se llamara Yesua o Emmanuel hijo de un carpintero llamado José o Yosef, casado con una doncella llamada María.

La única que coincidía, llamada María, pero no casada con un carpintero, era una doncella con siete hijos y uno de ellos se llamaba Yesua, pero no era predicador ni profeta, tampoco revolucionario esenio, sino un simple pastor.

Lo curioso era que otros personajes supuestamente coetáneos de Cristo, sí fueron históricos y estuvieron correctamente censados, como Barrabás, Poncio Pilatos, Juan el Bautista, Salomé, Herodes y Herodías, entre muchos otros, incluso un tal José el Esenio, un duro y bravo terrorista judío.

Los cátaros, formados en el catolicismo, sabían perfectamente que no había documento alguno que avalara la existencia física de Jesús, e influidos por los arriamos y los creyentes asirios armenios, tampoco aceptaban de buen grado que Dios Padre hubiera tenido un hijo de carne y hueso nacido de una mujer humana, pues ese tipo de filiaciones estaban más de acuerdo con las mitologías griega y romana, donde Zeus o Júpiter, que eran más o menos el mismo, tenían relaciones carnales con las mujeres humanas de las cuales nacían semidioses de lo más variados, como Hércules, que también fue propuesto como el Mesías

Salvador en la era romana, lo mismo que Cristo y que Mitra.

Si Jehová hubiera tenido relaciones sexuales con María, Cristo sería un semidiós, con ciertos dones, protecciones y poderes, pero no habría sido suficiente para erigirlo como salvador de la humanidad del mundo conocido por entonces.

Esas relaciones pudieron haber sido directas y carnales, lo que era un pecado para los cátaros, o bien por la intermediación de un ángel, pero no por la paloma del Espíritu Santo, lo cual ya era todo un sacrilegio y una blasfemia para las creencias de los cátaros.

Un dedal de oro con el semen divino para insertarlo en una mujer humana, virgen y pura, para que hiciera de vientre de alquiler para Dios, también era una posibilidad, pero no dejaba de ser escandalosa.

El Dios Verdadero, el Espíritu Santo, nada tenía que ver con reproducción humana alguna, porque nada de lo material ni de lo animal le podía atraer o satisfacer, sino más bien repudiar, ya que el Dios Verdadero era un espíritu ideal que no tenía ningún tipo de relación o de parangón con lo que existía en este mundo.

Jesús, el Segundo Hijo de Dios

Cuenta una leyenda cátara que el Dios Espíritu Santo y Verdadero, era consciente de que no todas las almas del mundo venían de su Él, sino que había algunas creadas por Satanás, que sí era su primer hijo en el cielo.

Satanás no era perfecto, y las almas que creó y puso en la Tierra, eran aún más imperfectas, pero el Espíritu le ayudó de todas maneras.

Más tarde, al ver que esas almas no le pertenecían y eran malas, decidió mandar a su segundo hijo, Jesús, a la Tierra para que arreglara esas almas y les enseñara el verdadero camino hacia el cielo para que no se perdieran.

Jesús nunca fue carne, aunque fingió serlo para burlar a los demonios que le esperaban en la Tierra cuando se enteraron de la decisión del Espíritu.

Satanás supo de inmediato que Jesús reconocido era el mensajero de Dios y trató de matarlo varias veces, gracias al poder de Herodes, o persiguiéndole día y noche en su infancia hasta hacerle emigrar y esconderse, procurado su muerte.

Cuando volvió a Judea predicó la buena nueva para recuperar a las almas perdidas y llevarlas al cielo.

Fue seguido por muchos y venerado como profeta.

También fue perseguido por sus satánicos enemigos y, finalmente, prendido, por los judíos y por los romanos, que intentaron torturarlo y ultrajado, pero no pudieron hacerlo porque Jesús en realidad no era un cuerpo, sino un espíritu encarnado y subió al cielo antes de que intentaran dañarlo.

Nunca fue colgado en la Cruz, esa era una vil mentira para desacreditarlo.

Los enemigos de Dios habrían creído que Jesús había sido ultrajado y había muerto en la cruz, pero en realidad él no podía sufrir, morir o resucitar. Tras enseñar a sus discípulos y fundar una Iglesia con el Espíritu Santo que consuela a las almas habría subido de nuevo al cielo.

Para los cátaros, Satanás mintió e intento desvirtuar lo que hizo Jesús en la Tierra confabulando con los judíos y los romanos, con lo que la Iglesia católica sería una falsa iglesia que había sustituido a la verdadera, para servir a Satán y hacer miserable la vida de las almas verdaderamente espirituales.

Tal y como estaba escrito en el Apocalipsis de Juan, la Iglesia católica era la bestia y la prostituta de Babilonia, pues en ella nadie se salva y todo lo que viene de ella es malo.

Los sacramentos católicos son pura magia negra y no tienen valor, pues son trampas ideadas por Satanás para robar energías, creencias y almas.

Por tanto, el agua del bautismo y el pan de la Eucaristía eran materia impura.

La cruz era un símbolo de oprobio y vergonzosa humillación de Jesús.

Las imágenes eran ídolos de yeso y madera con pies de barro, y las reliquias eran fraudulentas, restos falsos de santos inventados, basura sin valor espiritual vendida a fanáticos y creyentes sin cabeza, por estafadores sin escrúpulos.

Todos los ministros de la Iglesia católica eran servidore de Satanás, e indignos para predicar una fe pura y sincera.

La religión católica era un vil negocio apoyado por los monarcas y los señores feudales, que vivía del dinero, la sangre y el alma ingenua e ignorante de los fanáticos y los creyentes, por lo que ni el Espíritu ni Jesús tenían nada que ver con ella.

También los santos, los mártires y los profetas estarían casi todos condenados, por ser falsos en su mayoría y por haber sido secuaces y sicarios de invenciones y falacias perpetradas por Satanás y salidas por sus actos y sus bocas.

Jesús no pudo nacer físicamente de la Virgen María, ni de mujer alguna, porque no tenía cuerpo físico, y su madre, si la tuvo, debió ser al menos un ángel o simplemente una alma encarnada.

Esta es la verdadera historia de Jesús el Cristo, que bajó a la Tierra sin nacer, y subió de nuevo al cielo sin morir, siendo el ejemplo de los hombres justos.

Esta es una de tantas leyendas, pero no la única.

LA LEYENDA DEL TERCER HIJO

Del Espíritu emanaron dos hijos.

Yahvé y Lucifer se llamaban.

Yahvé era fuerte y poderoso.

Lucifer era carismático y hermoso.

Crecieron en el cielo compitiendo siempre por superarse el uno al otro.

Lo que no tenía Yahvé, lo tenía Lucifer.

Y lo que no tenía Lucifer, lo tenía Yahvé.

Tanto se parecían y semejaban que daba la impresión de que eran uno solo.

Entre ambos crearon un universo y un mundo.

Crearon también a distintos seres.

Unos les salieron hermosos y dóciles, y otros les salieron terribles y fieros.

Quisieron crear algo mejor, como los hombres y las mujeres, con belleza y pensamiento, pero los primeros les salieron mal y embrutecidos, y sino tan torpes que parecían muertos.

Entonces le pidieron al Espíritu ayuda, y el Espíritu les dio un soplo divino para que lo incluyeran en el lodo creativo, y así lo hicieron, y obtuvieron hombres y mujeres hermosos y listos.

Los creados por Yahvé tenían mejor aspecto y eran más habilidosos, mientras que los de Lucifer salieron un poco menos inteligentes y un poco menos estéticos.

Con el tiempo los creados por Yahvé salieron pecadores, soberbios y rebeldes, y los de Lucifer se hicieron violentos y poco creyentes.

Ninguno de los dos estaba muy contento con lo creado.

Los de Yahvé un día pecaron tanto, que los echó de sus terrenos paradisiacos; y los de Lucifer, que nunca tuvieron esos terrenos, se los encontraron.

Unos lucharon contra los otros, pero también se unieron, conocieron y de las dos ramas brotó nueva descendencia, y lo que antes fue celos y envidias entre pueblos, ahora se convirtió en una extraña mezcla ni mala ni buena, y algo similar les pasó a Lucifer y a Yahvé, que se fundieron en un solo ser para tener más poder y seguir rigiendo sobre sus creaciones, y así empezó a nacer el mal entre los dioses y los seres humanos.

Después vinieron las guerras y los engaños, los ángeles pecadores y las tentaciones de acabar con lo creado.

El espíritu los frenó y evitó la destrucción, porque en todo aquello había algo de su soplo divino y de su esencia, así que de Él brotó otro hijo, el Tercero, al que envió a la Tierra para evitar más desaguisados.

Los otros dioses, sus hermanos, no lo querían, pero no pudieron evitar su presencia y sus mensajes para que todos los seres humanos fueran salvos. Su nombre era Jesús, y sigue con nosotros en espíritu para que sigamos sus pasos y así, y por nuestros propios medios y méritos, caminemos por la senda de lo justo y lo correcto, y logremos liberarnos para volver al hogar del cielo y al espíritu de donde hemos salido.

Reinterpretar la palabra de Cristo

Si Cristo no fue censado, decían los cátaros, es precisamente porque nunca nació, simplemente se encarnó siendo espíritu para conocer las vicisitudes de los hombres y las mujeres, y así poder ayudarles a encontrar el camino correcto de la salvación, solo hay que comprender y entender bien sus palabras (extraídas de los cuatro evangelios canónicos y quizá de otros evangelios apócrifos) interpretándolas y reinterpretándolas, y seguir así el sendero correcto:

"¡Perdónalos, pues no saben lo que hacen!"

La ignorancia es fuente de muchos pecados; aprende para no cometerlos.

"Dejad que los niños vengan a mí, y no los estorben, porque el reino de los cielos es de los que son como ellos".

Una cosa es la ignorancia y otra cosa son el candor y la inocencia; si quieres ascender sé siempre como un infante.

"Así que yo les digo: pidan, y se les dará; busquen, y encontrarán; llamen, y se les abrirá la puerta. Porque todo aquel que pide, recibe; y el que busca, encuentra; y al que llama, se le abrirá".

La vida es en sí un milagro donde hay de todo y para todos; centra tu pensamiento en lo que realmente te pone en el sendero correcto.

"El que esté libre de pecado, que arroje la primera piedra".

La naturaleza humana es pecaminosa, por lo que nadie está libre de culpa ni detenta la autoridad moral para juzgar a sus hermanos.

"Todo es posible para Dios".

En esta vida no hay nada imposible.

"Hay más dicha en dar que en recibir".

Hay más satisfacción en la generosidad que en el egoísmo.

"Yo soy la resurrección, el que cree en mí, aunque muera, vivirá".

La muerte y la vida son una ilusión que se da reencarnación tras reencarnación.

"No hay amor más grande que dar la vida por los amigos".

Una frase muy propia de Platón, donde el amor universal es el más grande y cierto de todos los tipos y clases de amor.

"Retírate, Satanás, porque escrito está: 'Al Señor, tu Dios, adorarás y a él solo servirás'".

Servir a ideologías, políticos o religiones, es una pérdida de alma y de tiempo, porque tu único Dios y Señor eres tú mismo.

"El reino de los cielos es semejante al mercader que buscaba buenas perlas, pero que, al hallar la perla más preciosa, fue y vendió todo lo que tenía, y la compró".

No temas a los cambios en la vida, sobre todo si son para mejorar y encaminarte por el sendero de la salvación.

"La lámpara del cuerpo es el ojo. Así que, si tu ojo es bueno, todo tu cuerpo estará lleno de luz".

Si vez con la claridad del amor y la bondad, sabrás perfectamente cuál es el verdadero camino espiritual.

"Porque el que hace la voluntad de mi Padre, que está en el cielo, es mi hermano, mi hermana y mi madre".

Júntate con quien comparta los valores del amor, la armonía y la bondad.

"El que quiera ser mi discípulo debe negarse a sí mismo, tomar su cruz y seguirme".

Lo que no eres para los demás, no lo eres para ti mismo; y lo que eres para los demás no lo eres para ti mismo, por eso es mejor que sigas a tu corazón.

"Ánimo y levanten la cabeza porque se acerca su liberación".

Un momento de luz vale más que siglos de oscuridad; atrévete a mirarla.

"El cielo y la tierra pasarán, pero mis palabras de ningún modo pasarán".

Lo bien aprendido nunca se olvida, ni de una a otra vida.

"¿Por qué te fijas en la paja que está en el ojo de tu hermano y no adviertes la viga que está en el tuyo?"

No busques la perfección en los demás, sino en ti mismo.

"No hace daño lo que entra a la boca, porque a la letrina va, sino lo que sale de ella".

Cuida tus palabras tanto como tus emociones y tus pensamientos, sé honesto, amable y recto.

"Porque ¿de qué le aprovechará al hombre si gana el mundo entero y sufre la pérdida de su alma?"

Lo material y la vida y la muerte vienen y van, pero el espíritu es eterno, cuídalo, ámalo y respétalo.

"Cuando des limosna, que tu mano izquierda ignore lo que hace la derecha, para que tu limosna quede en secreto; y tu Padre, que ve en lo secreto, te recompensará".

No confundas nunca a la caridad con tu propia vanidad.

"Y sabe que estoy contigo siempre; sí, hasta el final de los tiempos".

El que se entrega con amor y de verdad, se entrega con amor y de verdad para siempre.

"Porque me has visto, Tomás, creíste; bienaventurados los que no vieron, y creyeron".

Para el espíritu y el alma, las pruebas materiales salen sobrando, mas no te dejes llevar por lo ilusorio y pasajero.

"Amaos los unos a los otros como yo os he amado".
Si no te quieres a ti mismo, no podrás nunca querer a los demás. El verdadero amor no espera jamás recompensa alguna.

"Mi reino no es de este mundo. Si lo fuera, mis propios guardias pelearían para impedir que los judíos me arrestaran".
No dejes que la violencia y el conflicto se introduzcan en el reino de tu alma, para que tu mundo interior sea siempre armonioso y sereno.

"Sígueme".
Pues predico más con el ejemplo que con las palabras.

"Ustedes juzgan según la carne; yo no juzgo a nadie, y si lo hago, mi juicio vale, porque no soy yo solo el que juzga, sino yo y el Padre que me envió".
Cada quien piensa, habla y juzga desde el nivel de su alma y su consciencia.

"Muchos que son primeros serán últimos; y los últimos, primeros".
Las apariencias engañan incluso en los terrenos de la salvación del alma.

"El que quiera llegar a ser grande entre ustedes, será humilde y el servidor de todos".

Si eres humilde y aprendes a servir a los demás, crecerás interiormente y sabrás servirte a ti mismo.

"El que cree en el hijo tiene vida eterna".

Confía en el bien aunque sea duro, y desconfía del mal aunque sea blando.

"Vosotros sois la sal de la tierra; pero si la sal se desvaneciere, ¿con qué será salada? No sirve más para nada, sino para ser echada fuera y hollada por los hombres".

Nada ni nadie es indispensable en esta vida, no te envanezcas ni te des más importancia de la que en un momento determinado puedas tener.

"No solo de pan vive el hombre, sino de toda palabra que sale de la boca de Dios".

Hay alimento para el cuerpo, de la misma manera que hay alimento para el alma.

"Quien a ustedes recibe, a mí me recibe, y quien me recibe a mí, recibe a Aquel que me ha enviado".

Acepta a tu hermano como te gustaría que te aceptaran y recibieran a ti mismo (la hospitalidad es la ley del desierto entre los beduinos).

"Por lo tanto, no se angustien por el mañana, el cual tendrá sus propios afanes. Cada día tiene ya sus problemas".

Ni pasado ni futuro, todo es un eterno presente, o como diría Buda, "todo lugar es aquí y todo momento es ahora".

"Bienaventurados los misericordiosos, porque ellos alcanzarán misericordia".

Por regla general, al final de los finales cada quien recibe lo que ha dado.

"Yo y el Padre uno somos".

No lo olvides, tú y tu espíritu elevado y celestial son uno y exactamente el mismo, así que no te dejes engañar por las ilusiones materiales de esta vida.

"En los momentos más difíciles de tu vida, yo siempre estaré a tu lado".

Siempre hay un consuelo interno para las desgracias: la lucidez de que eres un espíritu elevado.

"Porque tuyo es el reino, y el poder, y la gloria, por todos los siglos".

Si tienes el poder sobre ti mismo, tienes el poder sobre el universo entero (una frase de lo más estoica).

"Las decisiones de Dios son misteriosas, pero siempre a nuestro favor".

Todo lo que te pase al final es una recompensa y un milagro en forma de experiencia que te da la vida, valóralo y aprovéchalo.

"Yo soy la luz, y he venido al mundo para que todo el que crea en mí no permanezca en las tinieblas".

La lucidez no pesa ni entristece como te aseguran para tenerte sumergido en el reino de las mentiras, las falsas promesas y las sombras.

"Porque de la abundancia del corazón habla la boca".

No se puede esconder la luz divina que brota de los corazones puros.

"El reino de los cielos está dentro de vosotros".

No busques fuera lo que está dentro de ti desde el principio de los tiempos.

"Y otra vez os digo, que es más fácil pasar un camello por el ojo de una aguja, que entrar un rico en el reino de los cielos".

El poder y la riqueza, la codicia y la lujuria, al final de los finales no suelen traer nada bueno. Renuncia a lo material y encontrarás el sendero.

"Sanad enfermos, limpiad leprosos, resucitad muertos, echad fuera demonios; de gracia recibisteis, dad de gracia".

De nada sirve saber si no compartes tus conocimientos, o quien no vive para servir, no sirve para vivir.

"El amor es la puerta que nos conduce del egoísmo al servicio".

Amar no es poseer y celar, sino proteger, perdonar

y servir; el cariño y el respeto son más elevados que el amor entre dos cuerpos.

"Por sus frutos los conoceréis".

A las palabras se las lleva el viento, pero los hechos dejan huella verdadera, procura predicar con el ejemplo.

"¡Ama a tu enemigo! ¡Hazle el bien! Entonces tu recompensa será grande".

Amar lo amigable y lo hermoso es tarea fácil; pero amar lo duro y difícil es verdaderamente valioso.

"Ama al Señor tu Dios con todo tu corazón, con todo tu ser y con toda tu mente. Este es el primero y el más importante de los mandamientos".

Ámate a ti mismo por sobre todas las cosas, porque tú eres tu único y verdadero dios en alma y espíritu.

"Acumula tesoros en el cielo donde las cosas no pierden valor. Pues donde esté tu tesoro, ahí también estará tu corazón".

La vida verdadera es la espiritual, procura guardarla y protegerla porque es eterna, mientras la vida mundana y material es pasajera.

"Yo soy el pan de vida. El que venga a mí, no tendrá hambre. El que crea en mí no tendrá nunca sed. Confía en Cristo, él nunca falla".

El hálito divino está en tu interior, pues tú eres tu propio mesías, así que confía en tu ser divino e interno, para ascender hacia tu ser superior.

"La desesperación es el peor pecado que existe".

La vida está llena de trampas, dolores, emociones y obsesiones falsas que enferman el alma; no te dejes arrastrar pro la pérfida ilusión de la desesperación.

"Nos hartamos de andar por sendas de iniquidad y perdición, atravesamos desiertos intransitables".

Hay experiencias en este mundo que no valen para nada la pena, evítalas porque nada te dan ni nada te enseñan, solo te arrastran al mal y a la involución.

"Porque donde están dos o tres reunidos en mi nombre, allí estoy yo en medio de ellos".

Acércate al bien en la compañía de los buenos, y te sentirás completo.

"Traten a los demás como ustedes quisieran ser tratados. Esta es la esencia de todo lo enseñado por la ley y los profetas".

Quiere a tu prójimo como te quieres a ti mismo, pero antes intenta quererte más y mucho mejor.

"Sean perfectos, como perfecto es su Padre Celestial".

Llamar al Padre en el nombre del Hijo es llamarte a ti mismo desde lo más profundo y más elevado del ser y estar interior. La fórmula es: Padre Celestial, en el nombre de tu Hijo, Nuestro Señor Jesucristo.

"Más numerosos que los cabellos de mi cabeza son los que me odian sin motivo".

Hay millones de almas impuras e hijas de Satanás, que en realidad no son almas, mas viven de odiar a todo aquel que brilla desde el espíritu; la envidia, incluso de los seres más cercanos y queridos, conduce al odio más encarnado y corrosivo, que desde tu ser interno debes perdonar para no caer en lo mismo.

"No juzguen, para no ser juzgados. Porque con el criterio con que ustedes juzguen se los juzgará, y la medida con que midan se usará para ustedes".

Aunque no lo parezca, nadie es mejor que nadie en el universo, simplemente es diferente, por lo que las leyes de un pueblo no son las mismas que las del pueblo vecino. Por tanto, no creas tener toda la razón ni asegures que el equivocado es el otro, ni juzgues negativamente aquello que no conoces en profundidad.

"Entren por la puerta estrecha, porque es ancha la puerta y espacioso el camino que lleva a la perdición, y son muchos los que van por allí. Pero es angosta la puerta y estrecho el camino que lleva a la vida, y son pocos los que lo encuentran".

Nada de lo fácil resulta al final provechoso, pues lo fácil se desecha con rapidez, mientras que lo difícil puede ser un verdadero tesoro. Todo lo valioso cuesta más de un esfuerzo y mucha dedicación en esta vida.

"No se enciende una lámpara para meterla debajo de un cajón, sino que se la pone sobre el candelero para que ilumine a todos los que están en la casa".

No escondas la verdad ni calles las buenas nuevas,

ni te encierres cuando brilles ni niegues lo que verdaderamente piensas y sientes. Predica el bien y el amor a todos los que te rodean sin imponer consignas ni dogmas, sino en el candelero de la bondad, la humildad y el amor.

"Bienaventurados los de limpio corazón, porque ellos verán a Dios".

Si eres limpio y puro, consciente y amable, firme y valiente, humilde y constante, estarás contigo mismo en lo más elevado, tu ser interno como Dios.

"No se puede servir a Dios y al Dinero".

Quien sirve a dos amos tarde o temprano traiciona a los dos y los pierde a ambos.

"Todo lo que pidan en oración, crean de verdad que ya lo han recibido, y lo obtendrán".

El mundo es una ilusión donde todo milagro es posible y la mente y la imaginación, como la fe y la creencia, son armas poderosas; úsalas con respeto, pero sin temor, y todo lo que imagines te será dado.

"Por eso te digo que sus pecados, sus numerosos pecados, le han sido perdonados porque ha demostrado mucho amor".

María Magdalena representa a todas las mujeres de la creación, que han sido mal juzgadas durante milenios, y a las que se debía no solo perdonar, sino reinstaurar completamente en su dignidad como seres humanos divinos e iguales a todos los demás.

"No busco hacer mi voluntad, sino cumplir la voluntad del que me envió".

La divinidad en el ser humano es mucho más natural de lo que se piensa, por mucho que más se vea y más se note la maldad. En la lucha del bien contra el mal, el bien al final triunfará.

"He aquí, yo estoy a la puerta y llamo; si alguno oye mi voz y abre la puerta, entraré a él, y cenaré con él y él conmigo".

Hay que tener la mente y el corazón abiertos a la verdad y a la bondad, y cerrados a la mentira y a la maldad, por muchos bienes materiales que ofrezcan.

"En el amor no hay temor; mas el perfecto amor echa fuera el temor, porque el temor conlleva castigo. Y el que teme no ha sido perfeccionado en el amor".

Si temes o se asienta la duda en tu corazón, no estás frente al verdadero amor; y si te confías demasiado y te entregas sin pensarlo ni sentirlo, también estás cometiendo un error; por tanto, ama mesuradamente y cuando nada te excite o te asuste.

"Porque Dios no envió a su Hijo al mundo para condenar al mundo, sino para salvarlo por medio de Él".

Estás en este mundo para crecer, mejorar y evolucionar sobre el sendero de la salvación, no como un mueble inútil más o de pura decoración.

"Dios envió a su hijo para que sea nuestro apoyo en momentos difíciles".

El consuelo divino es bueno y agradable, pero la última responsabilidad y decisión dependen de ti y solo de ti.

"No he venido a llamar a los justos, sino a los pecadores".

Los justos ya son justos y están en camino de salvarse a sí mismos, por eso es que hay que orientar y ayudar a los pecadores que deben de luchar por su propia salvación.

"Si confesamos nuestros pecados, Dios nos perdonará. Él es fiel y justo para limpiarnos de toda maldad".

Lo que a menudo creemos como "pecado", no es más que un acto natural propio de nuestra especie, o un comportamiento social aprendido en nuestra familia o entorno social, e incluso una falsa ilusión de hacer el bien cuando estamos haciendo el mal, y en nuestra torpeza, inocencia, ignorancia o ingenuidad, debemos ser perdonados, sobre todo por nosotros mismos, al elevar nuestro nivel de conciencia y de consciencia.

"Muchos son los llamados y pocos los escogidos".

Cada quien debe escogerse a sí mismo para la salvación, en lugar de esperar a ser llamado, elegido o escogido al azar por una entidad divina por rendirle pleitesía.

"Si puedes creer, al que cree todo le es posible".

La fe mueve indudablemente montañas, por eso es

muy importante creer en uno mismo, para mover los propios pasos hacia el mejor de los destinos.

"Bienaventurados los que tienen hambre y sed de justicia, porque serán saciados".

A pesar de todo el amor o bondad que rebose en tu corazón, no debes dejar abiertas las puertas al mal, a la miseria y a la injusticia, sino que debes de combatirlas con firmeza y fervor. Lucha a favor del bien, de la paz, de la abundancia para todos, del conocimiento y de la justicia.

"Tu fe te ha curado".

Confía en tu ser interno, fortalece tus pensamientos y verás cómo es realidad que tu fe en ti mismo te ha curado y puesto en el sendero de la perfección.

"Al César lo que es del César y a Dios lo que es de Dios".

Lo material a lo material, y lo espiritual a lo espiritual, o como dice mi abuela: "Al César lo que es del César, y adiós que te vaya bien".

"¡Ay de vosotros, escribas y fariseos, hipócritas!, porque cerráis el reino de los cielos delante de los hombres; pues ni entráis vosotros, ni dejáis entrar a los que están entrando".

Satanás no solo no quiere volver al cielo, sino que no quiere que nadie más lo haga para mantener a las almas atadas a esta Tierra que es su dominio y su reino.

"¡No mintáis, y no practiquéis lo que odiáis!, porque todo se revela delante del rostro del cielo".

Más a menudo de lo que creemos y pensamos, criticamos o vemos en los demás nuestros propios defectos, esos que encubrimos con mentiras, falsas justificaciones y total hipocresía, pues hacemos el mal y odiamos que alguien nos lo diga, y pretendemos ser puros cuando de puros no tenemos nada, quizá solo un lejano soplo divino y atisbo de alma.

"Yo soy el buen pastor; y conozco mis ovejas, y las mías me conocen, así como el Padre me conoce, y yo conozco al Padre; y pongo mi vida por las ovejas".

La misión es la misión, y lo que se debe hacer es una responsabilidad que no debemos eludir, pues tarde o temprano tendremos que cumplir con ella. Cumple con tu deber siempre.

"Bienaventurados los que lloran, porque ellos recibirán consuelo".

El mundo puede ser un valle de lágrimas para millones de seres humanos, que no saben ni pueden ver la luz del espíritu al estar sumidos en sus miserias humanas de hambre, despojo, desamor e ignorancia, y que merecen una existencia mejor y más elevada.

"Los sanos no tienen necesidad de médico, sino los enfermos. Id, pues y aprended lo que significa: quiero misericordia, y no sacrificio".

La vida puede parecer bella y tranquila para los que no sufren pena ni necesidad alguna, pero esa vida también puede ser una existencia vacía si no ayudan real y prácticamente a sus hermanos menos favorecidos. No se trata de lástima ni de caridad, se trata de la más elemental de las justicias.

"Conoceréis la verdad, y la verdad os hará libres".

La verdadera verdad no debería doler, molestar, señalar, ofender o crear conflictos entre los seres humanos, pero Satanás le teme y te pide que no la ejerzas fingiendo respeto para los ignorantes, los falsarios, los fanáticos y los mentirosos. Es mentira que la verdad sea amarga y que la mentira sea dulce, pues la mentira es cárcel y la verdad es libertad.

"No amemos de palabra y con la boca, sino con obras y de verdad".

Pensar y sentir es bueno, lo mismo que solo amar y contemplar, pero la acción es lo mejor porque contiene en su ser la verdad. Actúa, y sentirás.

"También tengo que declarar a otras ciudades las buenas nuevas del reino de Dios, porque para esto fui enviado".

Más allá de los intereses, hechos cotidianos y cuestiones culturales, la verdad espiritual debe ser predicada y expandida por el universo entero, para que no se pierda ni se olvide la esencia del denominador común entre los seres humanos: el soplo divino del Espíritu Santo, palabra de cátaro.

No hace falta ser cátaro ni monje ni ermitaño para seguir el camino recto sin pisar los senderos del mal, y ni siquiera conocer a Cristo como hombre, ser divino o ícono de un pensamiento elevado y recto.

Lo que hace falta es luchar por lo justo y lo bueno, la verdad y la humildad, la belleza y la armonía, sin vender el alma ni la propia dignidad.

Aceptar las cosas y el mundo tal y cual es, con amos malvados y esclavos sumisos y sicarios, estaba muy lejos del ánimo de las sectas heréticas del Medievo, y especialmente de las creencias de los diferentes grupos cátaros, tanto que muchos de ellos murieron por defenderlas sin venderse al enemigo, ya fuera este el poderoso Satán o la Santa Madre Iglesia.

¿Al final qué o quién era Cristo Jesús para los cátaros?

Para los cátaros en su mayoría, aunque pudo haber diferentes pensamientos entre las diferentes sectas cátaras, Cristo Jesús respondía a las siguientes definiciones:

– Un espíritu angelical encarnado en hombre.

– Uno de los hijos del Dios Verdadero y Espíritu Santo.

– Un profeta incomprendido en su tiempo.

– La misma esencia de Dios Padre hecho hombre, pero no su hijo.

– Un ícono o símbolo de lucha personal hacia la perfección espiritual.

– Un hombre especial que dejó con su ejemplo el camino hacia la libertad espiritual.

– Un compendio de enseñanzas para la salvación.

– Un ángel enviado por el Dios Verdadero para luchar contra Satanás con la intención de vencerlo y regresar a las buenas almas que tenía atrapadas en la Tierra, y así regresarlas al cielo.

Cristo, un ángel guerrero

– El segundo o tercer hijo de Dios Padre, y el equilibrio del mundo.

– Un ángel, hermano de Satanás y de Yahvé, que luchaba contra el mal predicando con el ejemplo de humildad y bondad. "Hay que vencer al mal con la bondad, no con sus armas de violencia y asesinato".

– El camino hacia la salvación.

– Un ejemplo de fe, bondad, amor y castidad.

– El ser divino que todos y cada uno de nosotros llevamos muy dentro del alma.

– Nada de milagros gratuitos por ser creyentes o fanáticos, porque la salvación se ganaba con la lucha diaria o con la espada inmortal del espíritu.

– La huella de los pasos a seguir para redimir y salvar la propia alma, y así gozar del hogar celestial sin tener que pasar por más nacimientos y muertes. "Quien no nace, no puede morir jamás".

– Un valioso ángel menor que se preocupó por el bien de la humanidad y la reintegración de las almas con hálito divino al cielo.

– Un ángel joven y virtuoso que habitaba en el séptimo cielo, y que bajó a la Tierra con el deseo y misión autoimpuesta de acabar con las huestes de Satanás.

– La mayor gloria del cielo y de la Tierra malinterpretada, traicionada y mal utilizada por la perversa Iglesia católica dominada por el mismo Satanás bajo el nombre falso de Jehová.

– Una idea, un nombre, un concepto, una aspiración.

– Una divinidad, un espíritu, una encarnación por voluntad propia y con una misión.

– Jesús es el camino, el sendero, la vía de la virtud, pero nunca jamás un hijo engendrado carnalmente por un dios y una mujer humana.

– Nunca hubo un calvario para el Espíritu de Jesús.

– Nunca hubo una pasión llena de torturas y sobajamientos para Cristo.

– Jamás fue colgado en ninguna Cruz.

– Jamás fue un simple pastorcillo de cabras.

– Para los cátaros más radicales, Jesús era un espíritu santo en acción, no un producto de la podrida, lujuriosa y defectuosa carne humana.

– Jesús no hacía milagros de curación, imponía sus santas manos sobre el enfermo y así lo sanaba.

– Jesús no multiplicó los peces, pero como pescador de almas multiplicó a las que serían salvadas al sacarlas del mar del mundo para llevarlas a los mares celestiales.

– Jesús no anduvo sobre el Mar Muerto, pero como era un espíritu liviano, aunque encarnado, nada le costó flotar sobre él.

– Jesús no convirtió el agua en vino ni asistió a banquetes de ricos cananeos, porque no bebía más que agua y comía frugalmente solo frutas y vegetales.

Cristo, santo pescador del alma de los hombres

– Jesús no multiplicó los panes, pero enseñó a la gente a trabajar y a ser autosuficiente para no depender de los amos o señores.

– Jesús no seguía las leyes de los hombres, ni las de los judíos ni las de los romanos, porque su única ley era amar y servir a la humanidad para que despertara y fuera libre.

– "No he venido a traer la paz, sino la separación de los padres y los hijos", que es tanto como la separación de los píos y los impíos.

– Jesús sí echó a los mercaderes del templo, para que no se comprara ni se vendiera nada, sino que todo bien se repartiera.

– Jesús no bendijo matrimonio alguno, sino que dijo: "Abandona todo bien material y a tu familia, esposa e hijos, y ven conmigo".

Resumiendo, todo lo que pudiera decir la Iglesia católica con respecto a Cristo, era una falsedad y una serie de mentiras perpetradas para ganarse a la gente y robarles el hálito divino de sus almas que eran entregadas a Satanás.

VII
Los tesoros de los cátaros

Es mentira
que la verdad sea amarga,
pues es Divina;
y que la mentira sea dulce
pues viene de Satán.
La mentira en realidad es cárcel,
y la verdad es libertad.

Una de las razones por las que los cátaros alcanzaron la fama, no fue por su terrible y trágica masacre en la Plaza de los Quemados de Bréziers, tampoco por ser tildados de diabólicos, pederastas, sodomitas, brujos y sucios servidores de Satán, a decir de la Iglesia a la que los cátaros acusaban de lo mismo, sino por los supuestos o reales tesoros que acumularon a lo largo de un siglo y que quizá escondieron entre el terreno escarpado de la Occitania, especialmente en los montes cercanos a Carcassonne, o en cualquier parte del amplio Languedoc.

El castillo de Montsegur es uno de los lugares donde, supuestamente, los últimos cátaros escondieron sus tesoros.

Una de las versiones del final de los cátaros se sitúa precisamente en este castillo, donde durante once meses, entre el 1243 y el 1244, las fuerzas cruzadas de Inocencio III los cercaron, acorralaron y, por fin, prendieron para otorgarles la oportunidad de renegar de su fe y volver al redil de la Iglesia católica.

No se sabe si algunos renunciaron al catarismo, pero al menos 230 cátaros acabaron en la hoguera por mantenerse fieles a sus creencias.

Los primeros en buscar sus tesoros fueron sus propios verdugos, pero no encontraron nada de relevancia, o al menos así lo informaron a las autoridades religiosas, quienes no quedaron muy contentas con el informe, pues deseaban encontrar algo de valor tras la masacre.

Castillo de Montsegur, uno de los últimos bastiones cátaros

En otros asentamientos cátaros del Languedoc sucedió algo parecido, pues lo cátaros que iban siendo exterminados a lo largo del territorio no parecían dejar nada tras su muerte.

Se cuenta que en algunos de sus templos se encontraron algunas reliquias sin importancia y algo de dinero de las limosnas de los fieles, o en las administraciones que compartían con los católicos para el mantenimiento de conventos, monasterios e iglesias, que apenas era nada porque los cátaros rara vez pedían o admitían limosnas de los fieles, y apenas si aceptaban ayudas económicas de los señores feudales y nobles de la demarcación que aún no pertenecía a Francia, pero de tesoros valiosos, nada de nada.

La Iglesia no lo podía creer, pues en la lista de las acusaciones que se les hacía a las sectas heréticas (lo mismo que a las órdenes religiosas militares) el robo, fraude, apropiación indebida y el enriquecimiento ilícito estaban presentes, y pensaban recuperar todo lo sustraído para llevarlo a las arcas de la Iglesia y el papado para mayor honra de Dios y de sus bolsillos.

Los cátaros no tenían tierras propias, y los castillos, templos o parroquias que ocupaban pertenecían a señores feudales, nobles, obispos y hasta a la misma Iglesia católica apostólica y romana, pero no a ellos.

No había un solo cátaro famoso o prominente, rico y poderoso, sino ministros de esa fe tan comunes y corrientes como sus fieles, y sin más posesiones personales que sus hábitos blancos y negros.

Ninguna de las mujeres cátaras tenía una posición relevante, y mucho menos joyas o alhajas valiosas.

No hubo botín a repartir entre los dominicos y el papa, solo oprobio, indignidad, sangre inocente, cenizas y muerte.

Tampoco se encontraron grimorios de magia ni libros secretos ni tratados satánicos, solo uno que otro ejemplar del Nuevo Testamento como los que usaba la misma Iglesia, sin anotaciones, cambios o interpretaciones que se apartaran del texto habitual de los mismos.

La Iglesia buscó y nada encontró.

Monarcas y sabios, científicos y magos, arqueólogos, turistas y curiosos siguieron escarbando y buscando los supuestos tesoros de los cátaros, y nada hallaron.

Incluso otras sectas que los asimilaban a los templarios tampoco tuvieron éxito en su búsqueda, ni los estados ni los gobiernos.

Los nazis lo intentaron con toda clase de esfuerzos materiales y hasta psíquicos o mágicos, con conjuros, cálculos astrológicos y conocimientos esotéricos, lo mismo que con cálculos y propuestas científicas y tecnológicas de toda índole, pero también fue inútil.

Los famosos y míticos tesoros de los cátaros no aparecían por ningún lado, y eso aumentaba el deseo de encontrarlos y el misterio que les rodeaba, sobre todo el deseo de encontrar y poseer un objeto que prometía la vida eterna: el Santo Grial, protagonista de todo tipo de novelas, ensayos, películas y leyendas.

El Santo Grial

Según las leyendas mitológicas, el Santo Grial fue la copa en la que Cristo bebió durante la última cena.

Nadie sabe exactamente cómo era esa copa, si de oro, de plata, de cobre o de madera, aunque debido a la época y al lugar de celebración, debió ser una copa de madera, a menos que Jesús ya la llevara consigo; ni si en ella había solo agua que él convirtió en vino para decir que esa era su sangre, o si ya tenía el vino.

Jesús con el Santo Grial

¿Quién pagó la cena? No se sabe.

¿Cómo es que a un grupo de menesterosos se les alquiló un salón privado para que bebieran y cenaran? Tampoco se sabe, aunque se especula con toda tranquilidad que Judas Iscariote se encargó de esos menesteres al contar por lo menos con treinta monedas de plata.

¿Bebieron todos de esa copa cuando Jesús dijo "bebed de esta cáliz, que esta es mi sangre"? Posiblemente, lo que en cierta manera les habría dado la vida eterna, por lo menos la del alma, porque todos, según las escrituras, tuvieron una mala muerte aunque una larga vida.

¿Jesús fue el último o el primero en beber de ella esa noche? No lo sabemos, pero en la liturgia parece ser que fue el primero y el último en beber de ella, el alfa y el omega, el verdaderamente eterno, según los cátaros, que en realidad no murió en la Cruz, sino que ascendió directamente hacia los cielos, como Enoc o como Isaías.

Se cuenta que el primer judío errante bebió del Santo Grial, y que sigue entre nosotros simplemente porque no puede morir.

También se cuenta que por lo menos cuatro caballeros templarios bebieron del cáliz sagrado, y que siguen vivos a la larga espera del Día del Juicio Final, cuando podrán finalmente descansar en paz.

Nadie lo sabe, pero se supone que bebiendo del Santo Grial se consigue la vida eterna, y no solo la del alma, sino la de todo el cuerpo humano, aunque nadie haya vivido para contarlo.

No importa, el mito es el mito y desde las cruzadas,

en el siglo XI hasta nuestros días, mucha gente se ha dado a la tarea de buscarlo.

La leyenda también cuenta que aquel que no sea limpio de corazón no alcanzará la vida eterna al beber de la Santa Copa, sino que sufrirá o morirá horriblemente dependiendo de la maldad de sus pecados.

Un criminal morirá terriblemente de inmediato.

Un pecador tendrá una muerte larga y dolorosa, pero no inmediata.

Un pecador normal morirá como cualquier otra persona, y no notará el cambio.

Una persona casi santa y buena, verá su salud mejorada y no padecerá los achaques de la vejez, pero vivirá solo lo que tenga que vivir.

Aquellos que estén en el camino de la salvación disfrutarán de una vida larga, buena y sana.

Y solo los verdaderamente buenos, justos y sanos, tendrán vida eterna si beben de la Copa de la última cena, tanto en este mundo como en el venidero.

También se cuenta que un grupo de perfectos cátaros, poco antes de las masacres, bebieron del Santo Grial y alcanzaron la vida eterna, salvándose incluso del fuego que no pudo consumirlos en la hoguera.

Este grupo de perfectos cátaros huyó y se escondió, nadie sabe dónde, para seguir con su labor pastoral lejos de la Iglesia y de sus sicarios y cómplices, los muy ricos y los monarcas.

Ellos han promovido el avance de la humanidad evitando más guerras de las que ya hay; también serían los promotores del ecologismo, el feminismo, la educación universal, el vegetarianismo, el respeto a los animales, la empatía, la lucidez entre lo que realmente está bien y está mal, el aumento demográfico para darle cabida a todas las almas que desean ser salvas, tal y como lo haría la Hermandad Blanca de la India impulsora de la teosofía.

Todo cabe en el Santo Grial, y nada impide que se enlace a templarios, cátaros y teósofos en su posesión real, mítica o espiritual, aunque nadie sepa si en realidad existió, si sirve para algo o cuál es su verdadera apariencia.

Por supuesto, todo lo que no se ha logrado saber del Santo Grial y su verdadero poder es culpa de Satanás y sus secuaces, que también lo buscan y a la vez impiden que los demás den con él.

EL ARCA DE LA ALIANZA

Además de ser acusados de tener y mal usar el Santo Grial, no faltó quien señaló a los cátaros como poseedores del arca de la alianza, la misma que Yahvé entregó a Moisés como símbolo del pacto entre la divinidad y los seres humanos.

Cuentan que Ezana, Señor de Etiopía, decidió trasladar el arca a Axum hace ya varios siglos, para evitar males mayores o el enfado de los dioses.

Tras las Cruzadas, el arca fue entregada a los caballeros templarios quienes la escondieron en los laberintos y montañas de Petra.

Luego pasó a manos del catolicismo para ser guardada en la iglesia de Nuestra Señora de Sion.

Para los judíos y católicos etíopes, el arca de la alianza sigue ahí, resguardada por un sacerdote que ha pasado todas las pruebas de sabiduría y pureza, por lo que algunos apuestan que ese sacerdote debe ser cátaro.

A pesar de las leyendas que situaban el arca de la alianza en Etiopía, la Iglesia no dudó en culpar a los cátaros de su desaparición, porque la realidad es que a pesar de las diferentes réplicas que se han confeccionado de ella, ninguna responde al contenido del arca del cual habla la Biblia: las famosas tablas de la ley con los diez mandamientos, escritos por el dedo de fuego de Dios:

I Amarás a Dios sobre todas las cosas

II No tomarás el nombre de Dios en vano

III Santificarás las fiestas

IV Honrarás a tu padre y a tu madre

V No matarás

VI No cometerás actos impuros

VII No robarás

VIII No darás falso testimonio ni mentirás

IX No consentirás pensamientos ni deseos impuros

X No codiciarás los bienes ajenos

Aproximadamente y de manera reducida, porque dependiendo de la fuente pueden escribirse e interpretarse de diferentes maneras, incluso señalar que no son diez, sino quince porque una tabla del tríptico se rompió; o que son 156 como puede leerse en el Génesis, donde la voluntad de Dios es mucho más punitiva y extensa, proselitista y curiosa en muchos casos, como la prohibición de comer ciertos mariscos por considerarlos impuros.

Además de las tablas de la ley, dentro del arca había algo terrible que podía acabar con el mundo entero, una especie de arma nuclear propia de la ciencia ficción, que podía detonarse si se abría por las manos equivocadas.

Es más, el arca de la alianza mataba a cualquiera que la tocara sin el debido permiso, o que no fuera puro de alma, cuerpo, pensamiento y corazón, por lo que se debía cargar mediante dos palos que se acoplaban a sus costados.

Por tanto, sin duda era un tesoro apreciable, pero también un peligro que podía matar a propios y extraños.

Hay quien asegura que además guarda secretos científicos y esotéricos de lo más misteriosos e importantes, que le podían dar el poder total sobre el mundo a la nación, hombre, estado o reinado que la posea.

El arca de la alianza ilumina o mata, sin medias tintas, o blanco o negro, como el pensamiento dualista de los cátaros, supuestos poseedores de la misma en última instancia, por lo que no está en Etiopía, Nínive o Eritrea, sino en un risco del sur de Occitania.

El arca de la alianza

No hay ni bien ni mal en el mundo, lo que hay es poder, y quien tenga el poder definirá lo que es bueno y malo de manera absoluta y sin que nadie lo objete y diga lo contrario, es decir, tendrá el arca de la alianza en sus manos.

De esta manera, es obvio que ni los cátaros ni la Iglesia católica la tienen, aunque la Iglesia, la élite y los monarcas pueden parecer sus dueños por la hegemonía que han tenido y tienen sobre el mundo, pero su poder nunca ha sido absoluto y siempre han surgido voces y acciones en contra de su dominio, como los mismos cátaros en su momento; ese poder ha sido parcial, aunque apabullante en muchos sentidos y con miles de millones de obedientes seguidores, pero siempre quiere más y desearía tener el arca de la alianza para dominar absoluta y completamente al mundo, pero aún no han dado con ella.

EL VELO DE VERÓNICA

Para algunos, el velo de Verónica es una de las pocas reliquias recuperadas por la Iglesia tras las masacres sobre los grupos cátaros, aunque para otros la reliquia es falsa del todo o una mala copia del original.

El velo de santa Verónica

Cuenta la leyenda que Verónica se apiadó de Jesús en su calvario, y secó el sudor de su frente con su propio velo. El sudor y la sangre de Cristo se estamparon en el velo como una mancha, pero, horas después y para el azoro de Verónica, una imagen del rostro de Cristo apareció estampada en la tela.

Dicen que ese mismo velo de la santa Verónica se encuentra actualmente en la Basílica de San Pedro, para gloria del Vaticano y bienestar del turismo gracias a los creyentes e interesados que acuden a verlo.

Curiosamente, la palabra "verónica" quiere decir "imagen verdadera", que pudo caer en manos de los cátaros por medios ilegales según la Iglesia del Medievo.

La santa sábana

O la sábana santa, con una imagen menos realista y definida que la del velo de Verónica, actualmente se encuentra en Turín y tras varios análisis se ha concluido que tiene una edad menor a los mil años, entre 700 y 800, pero no más; que no corresponde exactamente a una figura humana, sino a una rústica escultura posiblemente de madera que la simula; y que se puede lograr el mismo efecto con ácido cítrico o zumo de limón, que se deja secar y se humea más tarde para que aparezca la imagen.

Por tanto, la sábana de Turín sería posterior a la existencia de los cátaros, con lo que una acusación eclesiástica de su robo y posesión por parte de los "hombres buenos", supera la fantasía habitual de las leyendas, y sin embargo hay quienes sí lo creen así, pues la leyenda de que esa sábana es la mortaja de Cristo con la que se le enterró tras su crucifixión, una idea que no gustaba nada a los cátaros, y que impregnó con la radiación energética de su ser, su sudor o hasta su propia alma.

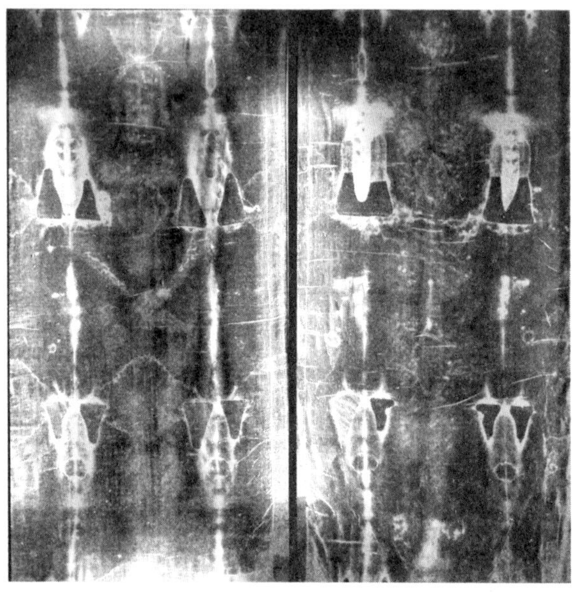

La sábana santa

Por supuesto, hay versiones que respaldan a la leyenda y que pretenden darle visos de cientificidad a la sábana santa, algo que para los cátaros habría sido todo un sacrilegio, pues Jesús, como espíritu encarnado, no podía morir y mucho menos ser enterrado y amortajado, pues subió impoluto al cielo.

Las fantasías son libres y a menudo responden a intereses específicos de quien las profiere, a sabiendas que habrá creyentes que las defiendan a muerte aunque no tengan la más mínima idea de lo que defienden.

Los cátaros eran conscientes de este sesgo del comportamiento humano, y por lo mismo eran enemigos de las falacias de la Iglesia católica, que inventaban todo tipo de reliquias milagrosas para mantener cautivos a sus seguidores.

Los clavos de la cruz de Cristo

Los cátaros de la Edad Media ya sabían que los romanos no usaban clavos en las crucifixiones, sino cuerdas.

De haber clavos estarían eventualmente en la trabe de la "T" (mas no en una cruz o maderos cruzados), y tampoco en las palmas de las manos ni en los empeines del crucificado.

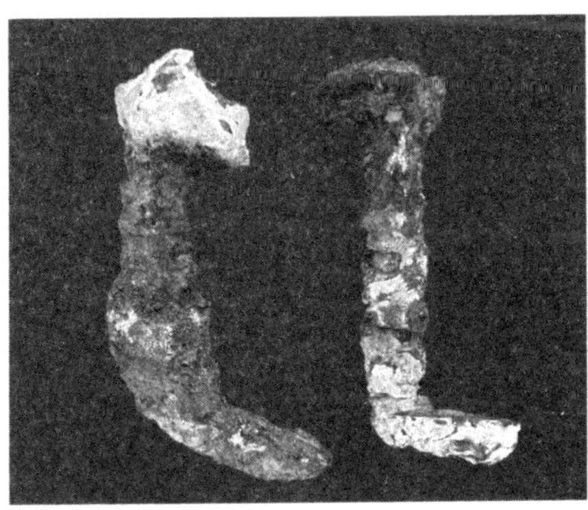

Los clavos de la Cruz de Cristo

Esto lo sabían, no por herejes ni sabiondos, sino porque la carpintería en la edad media se tenía muy por la mano y cualquier carpintero sabía que la carne humana no soportaba fácilmente los clavos, porque tras el agujero y pendiendo, la carne y la piel se desgajaban, y eso sin tener que crucificar a nadie.

José de Arimatea, carpintero y padre putativo de Jesús, también lo sabía, porque hacía unas cuantas "T" que le encargaban los romanos.

Por tanto, para los cátaros no tenía ningún interés algo tan claramente falso como los clavos de la Cruz de Cristo, ni siquiera como *souvenir*, recuerdo turístico o símbolo esotérico de invocación, pues no invocaban a Cristo, sino que intentaban emularlo en su pureza.

LAS ASTILLAS DE LA CRUZ DE CRISTO

Encontradas por los criados de sana Helena, la esposa del emperador Catón. Todo lo relacionado con la Cruz de Cristo debió ser una tentación para los cátaros que eran cristianos hasta la médula, y aunque no creyeran en su crucifixión, les habría encantado tener las supuestas astillas que tocaron la piel del semidiós.

Sí, la santa cruz fue reducida a astillas para repartirlas por todas las iglesias del mundo, que en su esencia llevaban la luz de Cristo, lo que les traía suerte y poder ante los peligros y vicisitudes de la vida.

De haberlas tenido los cátaros en algún momento de su historia, no habrían sido prendidos, cuestionados, torturados, vejados y, finalmente, quemados en la hoguera, sino que habrían corrido mejor suerte, según santa Helena. Cristo, a pesar de ser tan reconocido en su ausencia, no fue muy afortunado ni reconocido en vida.

Pero, reliquias al fin y al cabo, más supuestas que reales, movían la fe y despertaban ambiciones y deseos de poseerlas, tanto es así que miles de catedrales, parroquias, templos y feligreses las han obtenido o comprado, y las guardan celosamente o las exhiben para llenar de turistas sus iglesias.

Cuentan los críticos que hay tantas astillas de la famosa cruz, que con su madera, aunque en trozos y pequeña, se podrían elaborar al menos mil cruces más.

Acusar a los cátaros de poseer unas cuantas astillas divinas era y es una verdadera torpeza.

EL BRAZO Y OTRAS RELIQUIAS DE JUDAS Y DEMÁS SANTOS

Cada santo y mártir de la Iglesia católica, como también alguno de orden o secta religiosa herética, e incluso algún ermitaño (o bruja) famoso por su sabiduría o por sus poderes más o menos mágicos y misteriosos, dejó una huella en el mundo tanto material como espiritual, desde huesos, brazos incorruptos, manos de gloria, piel, ropa, cruces, rosarios, pelo, sangre o su simple imagen y recuerdo, que se han atesorado, comprado y vendido como reliquias y como amuletos de protección, salud, buena suerte y abundancia en todos los terrenos.

La Iglesia sigue vendiendo estampitas de sus santos a los pobres, y algunas reliquias más importantes a sus creyentes ricos que creen que así compran una entrada al cielo.

Las reliquias de san Judas Tadeo son alquiladas a las distintas parroquias y autoridades de diversos pueblos para que los creyentes las adoren.

El brazo incorrupto de santa Teresa es toda una atracción turística, y los supuestos mantos de la Virgen son la adoración de muchos creyentes en las diferentes procesiones que se celebran a lo ancho y largo del mundo católico.

Sin duda, pensó alguna vez Inocencio III, esos cátaros del Languedoc debían haberse quedado con algunas de las reliquias de santos importantes, de la Virgen María, de María Magdalena y del propio Jesús, por lo que había que encontrarlas a como diera lugar a pesar de la resistencia de los cátaros y su complicidad con los caballeros templarios.

LAS SANDALIAS DEL PESCADOR

Se han escrito versos, obras de teatro, películas y hasta una novela (Morris West) con este sugerente título: "Las sandalias del pescador", cuya metáfora consiste en darle poder a una persona haciéndolo papa, monarca de un país o rico y famoso en cualquier plano de la sociedad, como el arte, la escritura o la música, y al mismo tiempo cargarlo con tantas responsabilidades que no puede ejercer dicho poder como quisiera ni gozar de sus bienes y su jerarquía.

Las sandalias del pescador de almas

"Te doy el poder, pero no el tiempo para disfrutarlo", que es algo que bien pudo pasarle al principal dueño de las sandalias del pescador, el mismísimo Cristo, quien a pesar de su divinidad estaba preso e impedido para salvar de verdad a la humanidad entera: había demasiados peces en el agua como para salvar el alma de todos ellos.

Físicamente y como reliquia, Jesús debió tener unas sandalias con las que recorrió el mundo árabe y judío en su tiempo, predicando la palabra de la salvación e intentando despertar a los humanos que le seguían para que entendieran sus parábolas e hicieran eco de sus acciones.

Jesús no pudo ni siquiera despertar y salvar a sus más directos seguidores, ya que Tomás siempre dudó de él, Judas lo traicionó y Pedro lo negó hasta tres veces para salvar su propia vida, por lo que despertar y salvar a millones de almas era prácticamente imposible.

Los cátaros perfectos tenían las sandalias del pescador en los pies, pues con ellas seguían los pasos de Cristo, pero no como reliquias, sino como una acción propia y responsable de sí misma que buscaba la salvación y la liberación de las miserias de este mundo.

Si hubieran sido un objeto físico usado por Cristo, deberían otorgar dones increíbles:

– Elevación espiritual inmediata.

– Viajes astrales.

– Visiones de otros mundos.

– Caminar sobre las aguas.

– Recorrer no solo el mundo, sino el universo entero.

– Tener conexión directa con el cielo.

– Gozar de capacidades proféticas.

– Poder ver con claridad el pasado, el presente y el futuro.

– Tener el don de la ubicuidad para estar en muchas partes al mismo tiempo.

– Poseer el don de lenguas para entender todos los idiomas y dialectos de los lugares a donde te llevaran las sandalias.

– Lograr la limpieza de alma al instante sin más esfuerzo que dar unos pasos con ellas.

En una palabra, al que las llevara puestas se le abrirían las puertas del firmamento. Por tanto, las sandalias del pescador serían un objeto de deseo y de culto que muchos perseguirían y han perseguido infructuosamente a lo largo del tiempo, sin entender que para los cátaros las sandalias del pescador ya las llevaba puestas todo aquel que siguiera el sendero correcto.

TODA CLASE DE JOYAS, MONEDAS Y PIEDRAS PRECIOSAS

Hay quien sigue buscando el tesoro de los cátaros sin más afán que volverse rico, de la misma manera que se hace cuando se juega a la lotería, dejando de lado toda creencia, esoterismo o supersticiones parecidas.

Si durante cien años, los cátaros, que no eran nada amantes de las riquezas materiales, sino que abominaban de ellas, guardaron o enterraron joyas, armas, monedas, pócimas, libros o lo que fuera, precisamente para no mancharse con la podredumbre del dinero ni caer en tentaciones de vanidad, orgullo, codicia, soberbia o ambición loca y desenfrenada, como sí hacían los monarcas, los nobles, los señores feudales, los obispos, los Papas y los sacerdotes, debería estar en algún lado, ya fuera un castillo como el de Montsegur o en las inmediaciones de la escarpada Carcassonne, aunque casi todo el Languedoc, incluyendo Toulouse era propicio para hacerlo.

Para los buscadores de tesoros a menudo nada importa el alma o el espíritu de lo enterrado, sino su valor en el mercado, en el que los creyentes, los coleccionistas y hasta las iglesias y los estados podrán pagar por ver o comprar lo deseado.

Incluso si es el legado preciado de los cátaros, su mensaje escrito que han dejado al mundo, las fórmulas mágicas o esotéricas de la salud y la vida eterna, o los mismos clavos de la Cruz de Cristo, aunque los romanos no crucificaran a nadie con clavos, sino que los colgaban de los brazos, o el mismo prepucio del Mesías obtenido por los sabios tras su circuncisión, no tendría más valor que el monetario.

Si los cátaros de verdad se desprendieron de todo lo material, intelectual y emocional que pudiera atarlos a esta Tierra, y lo escondieron o enterraron bajo piedras, no estaría nada mal encontrarlo y recuperarlo para sobrellevar esta terrible vida donde parece mandar el Diablo de la forma más placentera posible.

TEXTOS SAGRADOS, MÁGICOS, CIENTÍFICOS Y DE MISTERIOS NUNCA DESVELADOS

Desde evangelios que nunca aparecieron y que descubrían la verdadera vida de Jesús en la Tierra, pasando por libros de magia anteriores a nuestro tiempo y con los que se podía convocar y dominar todas las fuerzas del universo; o bien textos de alquimia que contenían la fórmula exacta de convertir cualquier material en oro: tratados de medicina que curaban y sanaban todas las enfermedades, alargaban la vida y, quizá, burlaban a la muerte; la Biblia de la Biblia escrita tal vez en el séptimo cielo y que contaba la forma real en que había aparecido el universo con el origen del ser humano y del planeta; los grimorios que daban a los hombres más poderes de los que tenían los dioses del firmamento; el texto definitivo que hablaba de la vida y de la muerte, y su relación con las almas, los espíritus y los cuerpos; y, por supuesto, libros de invocaciones capaces de poner al servicio del operador tanto a ángeles como a demonios para que estos le cumplieran todos y cada uno de sus deseos, al tiempo que lo mantenían protegido y acababan con todos sus enemigos o mataban y destruían lo que pudiera molestarle desde antes de pedirlo.

Los cátaros deberían tener algo así escondido en los cerros de Occitania, y de ahí devenía su poder, su carisma y su capacidad para transformar la vida de sus seguidores, enriqueciéndolos y evitando que las pestes y las epidemias asolaran sus casas y sus pueblos.

¿Cómo llegaron estas reliquias y tesoros hasta los cátaros?

Se comenta que los caballeros templarios, al darse cuenta de que en realidad estaban sirviendo al Diablo en lugar de ser fieles a Dios y a los lugares santos, decidieron ceder el Santo Grial a los cátaros del Languedoc por considerarlos buenos y puros, incapaces de vender o malversar la Santa Copa en la que bebió Jesucristo, y seguros para guardarla en secreto y evitar que cayera en malas manos, sobre todo en las manos de la Iglesia que los había traicionado.

Algo similar habría sucedido con el arca de la alianza.

Las posibles joyas y el dinero habría sido puesto por sus benefactores más ricos, señores feudales y nobles de la comarca, antes de que Francia los absorbiera, y las limosnas de los propios campesinos y burgueses que asistían a sus cultos, acumuladas en un siglo, aunque pocas unitariamente, representarían una buena suma de dinero.

Las reliquias las habrían robado de la misma Iglesia católica en su paso como orden religiosa aspirante a un lugar en el papado, y algunas las habrían comprado con el dinero que iban acumulando.

Los textos diabólicos o sagrados y secretos, pudieron también robarlos, incluso escribirlos tras sus hórridas orgías de satanismo y sexo, o haberlos recibidos de las manos de los mismos ángeles o demonios que deseaban acabar con la Iglesia.

El problema fue que no encontraron nada de lo que supuestamente y por pura lógica del comportamiento humano debían tener los cátaros, por lo que no cejaron en continuar la búsqueda con tanto y obsesivo afán, que hasta el día de hoy todos los interesados en el tema siguen buscando.

El secreto

Dicen que para esconder algo lo mejor es ponerlo del todo a la vista, y quizá por eso el secreto y tesoro mejor guardado de los cátaros es producto de su sencilla y humilde bondad: la sonrisa.

Sonríe

¿Quieres que te amen? Sonríe.
¿Quieres que te odien? Sonríe.
¿Quieres que te ignoren? Sonríe.

Tanto en la alegría
como en el momento más oscuro y terrible
seguro que tienes
una hermosa y magnífica sonrisa;
también puedes reír a carcajadas,
pero es mejor sonreír en esta vida,
sonríe que sonreír te sana,
sonríe siempre.

Canto de las mujeres y los hombres buenos

VIII
Las acusaciones contra los cátaros

Calumnia a tus enemigos,
que de la mentira
y la calumnia
siempre algo queda,
pues si suena el río
es que agua lleva.
Refrán popular

La Iglesia católica, apostólica y romana no ha cambiado mucho desde su verdadera fundación hace poco más de 1500 años, a pesar de que ha cambiado de domicilio varias veces, pues antes de fundar el Vaticano en el siglo XVII, estuvo incluso en Aviñón, Francia, en el siglo XIV cuando acabó de destruir al último de los cátaros.

Las acusaciones eran mutuas y muy parecidas, ya que los cátaros también acusaban a la Iglesia católica de déspota, indigna y diabólica.

La diferencia estriba en que los católicos tenían armas, ejércitos, ordenes religiosas militares, como los dominicos, dinero y la complicidad de monarcas, nobles y señores feudales de todo Europa, por lo que ante unos cátaros sin armas ni bienes materiales ni demasiados apoyos jerárquicos, y apenas unos cuantos fieles educados en el pacifismo y la preservación de la vida, la lucha física y material era del todo desigual.

Es cierto que los cátaros querían acabar con la Iglesia católica y fundar sobre sus cimientos la suya propia, y así lo manifestaban abiertamente pidiéndole a sus ministros que secundaran la idea, aunque no del todo a sus simples numerarios o fieles que asistían a sus misas, cultos y arengas, ya que la mayoría de ellos también profesaban la fe católica, y creían en la Iglesia a pesar de sus faltas y barbaridades, pues tenían la esperanza de salvarse sin demasiado esfuerzo, ya que en la ideología católica Cristo había dado su sangre para perdonar los pecados de los creyentes, cerrando la puerta del cielo a los no creyentes, y si bien escuchaban a los cátaros y estaban de acuerdo en que los monjes y sacerdotes católicos eran alcohólicos, promiscuos y codiciosos, perdonaban esas deficiencias a cambio de la falsa promesa de la salvación.

Los cátaros eran buenas personas, sin duda alguna, no bebían ni fornicaban, no robaban ni pedían limosna, comían poco y solo frutas y vegetales, no gritaban y trataban a todo el mundo con sincera amabilidad, además ayudaban en las tareas del campo y del hogar, cuidaban de los enfermos e incluso a veces los curaban con la imposición de manos, pero no prometían sal-

– Sodomitas o impotentes, pues era muy extraño que repudiaran el sexo normal y matrimonial para dar a Dios nuevos hijos a su servicio.

– Ladrones de las limosnas y dinero destinado al sustento de las parroquias y de la Santa Sede de Roma.

– Usurpadores de funciones al dar culto o misa en las parroquias católicas.

– Presuntos ladrones de textos sagrados y reliquias.

– Enriquecimiento indebido o ilícito al guardar o esconder bienes que pertenecían al clero o al pueblo.

– Practicantes de magia, misas negras, brujería y similares, fingiendo que de esa manera emulaban a Nuestro Señor Jesucristo.

– Blasfemos, por utilizar el nombre de Dios en vano al decir que el Señor de la Biblia y de la Iglesia católica era el mismo Diablo, y que el Dios Verdadero era el que ellos pregonaban malversando el nombre del Espíritu Santo.

– Desobedientes de casi todos y cada uno de los Mandamientos de Dios y de los preceptos de la Santa Madre Iglesia.

Por tanto, la condena no podía ser, ante su reticencia

de rectificar y pedir perdón por sus múltiples faltas, nada más que la muerte en la hoguera para purificar los terribles pecados de sus almas.

Por tanto, desde Bréziers a Toulouse, pasando por Narbona y Montsegur, y sin dejar burgo o poblado sin revisar, y casi durante doscientos años, los cátaros fueron perseguidos y finalmente aniquilados del todo, incluso aquellos que cedieron en último momento y bajaron la cabeza ante dos o tres papas.

Las cifras no son exactas, pero para empezar en Bréziers y al grito de Arnaldo Amalrico: "¡Matadlos a todos, Dios reconocerá a los suyos!", se mataron a más de siete mil personas entre aldeanos y cátaros, y luego en cada burgo y aldea se iban asesinando entre doscientos y trescientos cátaros por campaña.

¿Cuántos huyeron de la quema? No se sabe, pero debieron de ser unos cuantos que bien se guardaron de ventilar su origen cátaro; y el pueblo más que negarlos o ayudarlos como se cuenta en las novelas, simplemente y poco a poco los fue olvidando, entre otras cosas, porque no fue la única secta herética, o incluso orden que había sido aceptada y oficializada por la Iglesia, como los templarios o los paulicianos y los bogomilos, que fue perseguida y masacrada por los ejércitos de la monarquía francesa en complicidad con la fuerzas militares del papado.

Muchos grupos religiosos que incomodaban a la Santa Sede fueron igualmente aniquilados y quemados en las plazas de los pueblos ante un nutrido auditorio que aplaudía las ejecuciones como quien aplaude una obra de teatro.

De muchos de esos grupos ya casi nadie se acuerda, y la memoria de los cátaros fue rescatada hasta hace poco, relativamente, por el interés de sus posibles tesoros y por el romanticismo de su historia, así como por lo original de la huella que dejaron en el pensamiento de los creyentes: "La salvación no se gana creyendo en milagros, sino con el trabajo y el esfuerzo diario para ser perfectos y realmente merecerlo".

Conclusión: Los cátaros o el nacimiento del verdadero cristianismo

Morir en la perfección
es el fin del fin,
lo que vayas a hacer hazlo ya,
o no lo hagas. no importa nada,
de nada sirven los buenos
o los malos consejos
pues no habrá castigos
y mucho menos premios
cuando la muerte llegue al perfecto,
porque entonces, tenedlo por seguro,
desaparecerá todo el Universo.

Guillem Belibasta, considerado el último cátaro, pronunció la siguiente profecía antes de ser quemado en la hoguera: "Después de seiscientos años, el olivo volverá a reverdecer sobre las cenizas de los mártires".

La profecía fue lanzada en el 1321, por lo que muchos vieron un renacimiento cátaro para el 1921, justo después de la Primera Gran Guerra, y los alegres años 20 parecían confirmarlo, pues se pensaba que en realidad esa horrible guerra sería la última de la humanidad, y el espíritu de Cristo volvería para el bien de la humanidad, que por fin despertaría y se encaminaría por el sendero de la pureza liberándose de todo lo animal que había en ella.

Algunas sectas, religiosas o laicas, esperaban el milagro del reverdecimiento y renacimiento de la consciencia humana, dispuesta por fin a seguir los pasos de un Cristo Cósmico, que no era hijo de ningún Dios, sino espíritu puro que predicaba con el ejemplo en lugar de dar dádivas reales de salvación solo por creer y tener fe en una religión o en unas palabras.

La humanidad debía ser responsable de sí misma, en lugar de postrarse ante dioses para ser redimida y salvada.

La luz del alma realmente espiritual debía lucir y brillar por méritos propios, y no por el beneplácito de los dioses o los amos, como los olivos, sobre todo ante la historia de los mártires que se sacrificaron por los demás, como Jesús, para dar ejemplo y señalar el camino, no para premiar a los pecadores y a los impuros.

El cristianismo primitivo debía reemprender la ruta del ascenso espiritual, donde todos y cada uno de los seres humanos debían ser su propio mesías, su propio ungido, que en realidad es lo que quiere decir la palabra "cristo", y no esperar a un Mesías externo que lo solucionara todo con su poder divino o con su sangre humana.

El Cristo de los Evangelios, y no solo el de los cuatro elegidos en el Concilio de Nicea por la Iglesia, debía ser reinterpretado, no como un príncipe celeste o el hijo consentido y privilegiado de un dios, sino como un ideal para superar los errores y fallos inherentes a los seres humanos.

Por supuesto, la tarea no era nada fácil, ya que la gente suele preferir ser salvada por un héroe, que salvarse por sí misma, ya que de esa manera puede pecar todo lo que se le ocurra y quiera, porque al final alguna divinidad le echara la mano, como hizo Jehová con Caín después de que asesinara a su hermano.

¿Quién podía querer a un dios como ese, que le dio inmunidad e impunidad a un asesino violento, grotesco, mal educado y negligente? Pues, según los cátaros, todos aquellos seres abyectos pensaban que sus crímenes al final de todo quedarían perdonados y resueltos a su favor, donde recibirían un premio en lugar dc un castigo.

Emular a Cristo para los cátaros era seguir sus pasos, sus luchas, sus esfuerzos y amar a los demás como se ama a uno mismo, pues solo así se alcanzaba la perfección de espíritu, y no por medio de una promesa o de un falso milagro ni por más medios que por uno mismo, quizá vida tras vida, pero por uno mismo.

Los cátaros actuales, que sí los hay como en algunos casos curiosos en España, son muy pocos en número, seguramente, pero entre sus filas se supone que se sigue buscando la pureza de alma y la limpieza elevada del espíritu, en lugar de la comodidad de una simple creencia interesada como la católica.

Entre las nuevas sectas que se autodenominan cátaros, se puede decir que hay de todo, desde estudiosos del tema, practicantes de lo que sería "la mujer y el hombre bueno o puro", y líderes más o menos carismáticos a los que se les ha olvidado que el sexo para los verdaderos cátaros del Medievo era un acto sucio, animal y de dependencia emocional que no valía la pena, y que había que superar en lugar de sucumbir como cualquier bestia.

Es posible que los cátaros de antes no tuvieran toda la verdad de su lado, pero tampoco lo pretendían, simplemente buscaban encontrar el camino correcto.

Una institución como la Iglesia católica, o cualquier otra gran religión, mentía entonces como parece mentir ahora, cuando se arroga para sí la verdad verdadera, la palabra sagrada, la exclusividad divina y el ser la única puerta para gozar de una siguiente etapa existencial después de esta vida, ya sea a través del dinero o de la fe supina.

En el Medievo y entre cruzadas y guerras santas, con crisis de fe, hambrunas y pestes, hasta los más humildes e ignorantes dudaron del buen hacer de las religiones, y las sectas heréticas, con un poco de sentido común y el deseo de una verdadera espiritualidad, levantaron la voz y se arriesgaron a ser quemadas en la hoguera; pero en el siglo XX a pesar de padecer escenarios semejantes en muchas partes del mundo, no parece haber muchos herejes, o libre pensadores que digamos, con lo que la profecía de Guillem, el último cátaro, difícilmente podría cumplirse.

A pesar de las restricciones, las dictaduras y las persecuciones, en la Edad Media hubo más libertad de pensamiento de lo que hay ahora, ya que el poder se ha dado cuenta de que hay mejores maneras de mantener más o menos tranquila a la población.

Los romanos, mucho antes que los cátaros y que los políticos de la actualidad, ya se habían dado cuenta de que al pueblo se le calla y domina, más que con miedo y represión, con pan y circo.

El miedo y la represión son útiles en casos extremos, pero con pan y circo el control se hace menos violento y más efectivo.

Como decía Stalin, si a una gallina la martirizas arrancándole todas las plumas en vivo, bastará que después le des unos granos de maíz para que se tranquilice, esté contenta, te admire y hasta te agradezca haber sido desplumada.

En el Medievo había mucho circo, pero muy poco pan con el cual calmar a las multitudes, por lo que quizá, sociológicamente hablando, las rebeliones eran más heréticas y frecuentes a pesar de poner en riesgo la propia vida.

Las propuestas de los cátaros de una revolución espiritual fue tan potente, que de una o de otra forma ha llegado a nuestros días, bien entendida o mal entendida, real e histórica, o legendaria y mítica; incluso a pesar de que los creyentes y fanáticos de la actualidad contemporánea son más cerrados que los creyentes del Medievo, a decir de pensadores como Bertrand Russell, o Krishnamurti, el hombre que pudo haber sido el Cristo del Siglo XX.

Krishnamurti, el hombre que pudo haber sido Cristo

El creyente actual ha bajado el listón, pues lo mismo defiende a muerte a un equipo de futbol, que a un cantante, un actor, un político o a un famoso cualquiera, que a un dios o a una religión, como si todos ellos fueran lo mismo o tuvieran la misma importancia para el desarrollo de sus vidas.

La gente cree a pesar de los pesares, y perdona a sus verdugos como Jehová perdonó a Caín sin importarle un comino la suerte de Abel; y no solo cree y se somete a sus verdugos y amos, sino que pretende que los demás también crean en lo que él cree, con lo que todo lo que no sea de su creencia, merece el desprecio, el desprestigio y la muerte.

El fanático actual muy rara vez escucha o abre la mente a nuevas propuestas, pues solo acepta las que emanan de sus propios prejuicios y creencias adquiridas desde su infancia.

La Biblia puede ser diabólica, aseguraba Nietzsche sin ser cátaro en su *Anticristo*, pero tenía mucha razón en cuanto al comportamiento humano, por lo cual, ahora sí, según los cátaros, debía ser leída de cabo a rabo para ser interpretada en su justa medida, en lugar de tomarla como palabra sagrada.

Todo libro de más de 500 páginas, decía Borges, contiene la vida entera sin importar quién lo haya escrito.

Hoy se sabe perfectamente que la Biblia, quizá el libro más vendido y menos leído de la historia, fue escrita por hombres coptos, hebreos y judíos, no por ningún dios ni nadie que se le parezca, tampoco por el Diablo; que la compiló Esdras sobre el 700 antes de nuestra era, y que fue reconfigurada tanto por judíos como por católicos en el siglo II de nuestra era, para finalmente ser reajustada y aceptada por la recién fundada Iglesia católica entre los siglos III y IV, y que de palabra de algún dios no tiene nada de nada, cosa que también sabían los cátaros, y eso que en la Edad Media no había traducciones en lenguas vulgares, ni se habían hecho varias versiones, traducciones y versiones del mismo tema.

Sin embargo, a pesar de que se sepa su origen y quién y cuándo la escribió, los fanáticos creyentes se aferran a ella jurando que sí es la palabra de Dios, aunque solo leen un par de versículos donde la locura iracunda y vengativa de Jehová no está presente, porque creen que de esa manera, y negando lo obvio y la realidad, lograrán la salvación por medio de una virgen, un santo, Dios o el mismo Cristo.

Obviamente, también creen que engañan a Dios, o que las divinidades son muy poco inteligentes y que harán la vista gorda a la hora de la verdad.

"Quién se salva a sí mismo a través de la verdad y la pureza, no necesita que lo salve ningún Cristo ajeno a su propia alma", reza el proverbio cátaro.

Entender que para seguir los pasos de Cristo no hace falta creer en él como hijo de Dios o como posible alma pura o ser divino, no es nada fácil, porque la costumbre es creer, adorar, dramatizar, llorar, pedir, exclamar, reclamar, esperar y desear milagros sin esfuerzo alguno de parte del creyente, en lugar de actuar con rectitud, bondad y pureza, que es lo que verdaderamente salva al alma; tal es la propuesta cátara, tan aplaudida por romántica, como por realista o por obvia, pero muy poco seguida en la práctica porque la verdad es que muy pocos se atreven a dejarlo todo para seguir los pasos de las mujeres y los hombres buenos, total, todo lo que se sabe realmente de los cátaros posiblemente sea una hermosa e interesante mitología.

Deja todo, tu familia, tu pesca y tu barca, ¡y sígueme!

La perfección era la finalidad del cátaro ideal, que lo elevaba y alejaba por fin y de manera definitiva de este imperfecto mundo material regido por un demonio que aparentaba ser un Dios, liberándose de todo lazo mental, anímico, emocional y terrenal que mantenían presa a su alma en un cuerpo casi animal, sucio y pecaminoso, y así convertirse en un espíritu ideal para siempre en el Hogar Celestial del Dios Espíritu Santo perfecto y verdadero.

"No muero yo", decía el perfecto, "mueren mi cuerpo y el mundo, y todo lo que ellos contienen".

AL FIN EL FIN

Cuando yo muera,
desaparecerá todo el universo.

No es un pensamiento original,
muchos lo han dicho y han fallado,
pero esta vez es cierto,
y cuando yo muera desaparecerá todo el universo.

Total, este universo, con sus miles de millones
de galaxias, estrellas y especies,
es solo un punto minúsculo
en las vastedades del multiverso,
por eso, cuando yo muera,
desaparecerá todo el universo.

Lo he visto en la verdadera realidad
que son los sueños.

Lo he sentido muy fuera de mí
y muy adentro.

El futuro es claro.

No hay remedio.

Podría durar un poco más,
pero no soy eterno, lo siento.

Nada se salvará al morir yo.

Nada quedará.

Ni consciencia, ni rastro, ni polvo ni recuerdo.

Cuando yo muera desaparecerá todo el universo.

Es el fin del fin,
lo que vayas a hacer hazlo ya, o no lo hagas.
no importa nada,
de nada sirven los buenos o malos consejos
pues no habrá castigos
y mucho menos premios cuando yo muera,
porque entonces, tenedlo por seguro,
desaparecerá todo el universo.

Bibliografía

Barrett, Francis. (1996). *El mago.* Barcelona: Ibis Editorial.

Berlioz, Jacques. (1994). *"Tuez-les tous, Dieu reconnaîtra les siens", la croisade contre les Albigeois vue par Césaire de Heisterbach.* Toulouse: Loubatières.

Borst, Arno. (1998). *Les Cathares.* Francia: Editorial Payot.

Tapia Rodríguez, Javier. (2024). *Mitología de la Edad Media.* Barcelona: Plutón Ediciones.

(2024). *Mitología católica.* Barcelona: Plutón Ediciones.

West, Morris. (1987). *Las sandalias del pescador.* Barcelona: Editorial Bruguera.

Zamora, Rubén. (2024). *Satanás, el arcángel del mal.* Barcelona: Plutón Ediciones.

Índice